不登校でも子は育つ

～母親たち１０年の証明～

親子支援ネットワーク

♪あんだんて♪

まえがき

「だいじょうぶ。あなたはひとりじゃない。」

　不登校の子どもが家に居るとき、親は社会から取り残されたように感じ、子どもは行きたくても行けないのだとわかっていても、学校へ行ってほしいという気持ちが離れず苦しい思いをしています。今でこそ、「十分に休めると子どもは動き出しますよ」と言える私たちも、かつては不安を抱えた一人の親でした。誰か不登校の子どもの成長についてよく知っている人から「不登校でもだいじょうぶ」と言ってもらって安心したいと思っていました。

そのときから10年を経てわかったことは、子どもたちは自分自身のなかに成長する芽を持っている、という事実でした。学校へ行かなくなると、成長が止まってしまうかのように思いこんでいた親の焦りや心配とは別に、当初は苦しさを紛らわすために毎日ゲームばかりしていた子どもたちの内面に、着実に育っていったものがあるのです。まるで、なかが見えないけれど大事に卵を温めている親鳥のように、私たちは子どもたちのなかに「何か」が育っていくのを信じて待っていたように思うのです。それは、成績やテストの点のように目に見えて評価されるものではなかったので、ほかの人にはわかってもらえないけれど、同じ経験をしている親同士だからわかる「何か」が、少しずつ育っていくのを感じていました。

やがて、卵のなかでじゅうぶんに育った子どもは、「そろそろ出たいよ」とサインを出しました。卵のなかからコツコツと音が聞こえたときのうれしい驚きは、初めて自分の足でタ・タ・タと我が子が歩いたときと同じものでした。殻を破って出てきた子どもは、不登校になる前より何倍も成長し、自分の感性や考えが育っていました。

でも、目に見えない「何か」を信じて子どもの育ちを見守ることは、私自身の体験を顧みても、一人では難しかったと感じています。周囲の人たちは目に見える評価で子どもを判断するので、不安になったり「何か」を見失ったりしがちでした。そんなとき、カウンセリングや親の会で我が子との日々の出来事を話してみると、子どもの内面の小さな成長を見つけて言ってくれる人がいました。それまで自分では気づかなかった子どもの一面に目を開かされ、この子なりにちゃんと育っているのだと安心して子どもを見守っていくことができました。

それは、

子どもがいつのまにか何かに興味を持ちだしたり

学校では教わらないような知識があったり

急に思い立って部屋を掃除してみたり

何気ない一言のなかにふと感じる変化や動きなど、毎日接していると見過ごしてしまうような小さな成長のサインなのです。

私たちは、こうした経験から、親が誰かとつながり支えられることが大切だと実感し、活動をつづけてきました。♪あんだんて♪に集まった親同士で悩みや愚痴を笑いも交えて話していると、だれかが子どもの内面にきらっと光る「何か」を掬いあげてくれて一緒に喜んでくれる、そんな関係に親が支えられ、その親に子どもが支えられて家族関係も少しずつ変化してくるのです。また、不登校の子どもをめぐるさまざまな人間関係の調整役を担う母親自身の心の支えになることや具体的な情報も大きなサポートになります。

だから、今苦しんでいる子どもたちや親の方たちに、この本を届けて笑顔を取り戻してもらいたいのです。

親子支援ネットワーク　♪あんだんて♪　代表　福本　早穂

目次

まえがき

第1章　不登校の子どもたちの成長
10年の活動から見えるもの

10年経ってみれば子どもは自分の道を歩んでいる……14
お母さんが支えられると子どもは元気になる……16
不登校の毎日をどう過ごしてきたのか……19
きょうだいとの関係はどうだったか……20
きょうだいのいずれかが不登校の場合
きょうだい共に不登校だった場合
不登校の子どもがきょうだいにしてほしいこと……26
一人っ子の場合……28
子どもの不登校状態がお父さんに伝わらない辛さ……29
子どもが不登校になったときのお父さんの役割……32
お母さんに寄り添って支える
お父さんの子どもへの関わり方……34
不登校になったときの祖父母との関係……37
祖父母の対応でうれしかったこと
祖父母の対応で少し困ったこと

祖父母との距離感は「ちょっと助けてね」……44
知らせずにいることも選択肢に入れて……45
学校以外の第三者とどう関わったらいいか……47
友だち（同世代）の関わり……52
学校や先生との関わり方……54
修学旅行や学校行事への参加をどうするか
卒業アルバムと卒業文集……55
卒業アルバム
卒業文集
卒業式
column
「お父さん」のままでいてくれたらそれでいい
今は祖母の「頑張ったね」が心に響く

第2章　不登校から元気回復までの段階

不登校支援は回復段階に応じて……62

◆親子の回復段階表◆

①急性期（行きしぶりの時期）66

お父さんには〝元気な子ども〟しか見えない……69

担任との連絡方法を事前に確保……71

母子登校について……72

保健室・別室登校の活かし方　低中学年の場合／思春期の場合……74

②葛藤期（不登校になる時期）76

不登校の3大特徴「昼夜逆転」「ゲーム」「生活習慣の乱れ」……77

家庭訪問は先生にも余裕を持ってもらう工夫……79

親の余裕が子どもの自己肯定感をはぐくむ……81

勉強はエネルギーが充電できてから……82

③安定期 83

家族関係は外の世界につながっている……85

安定期の家庭訪問、先生にはこんなことをお願いしてみたら……87

支えられたという思いが将来の頑張る力になる……90
「見えない学力」を育てる……91

④始動期（第2葛藤期）93
学校以外の居場所……94
「学校へ行ってみようかな」という時期……95
始動期の保健室登校と別室登校……96
ドタキャンも前進への一歩……98

⑤活動期 100
必要に応じて始めた勉強は吸収力がある……101
不登校の先にやりたいことが見つかる……102
学校より社会のルールのほうが優しい……104
聴いてもらった実感が自己表現力に……106

column
不登校になると社会性が育たない？

第3章　中学卒業後の進路を考える

不登校経験者へのアンケートをもとに

学校見学は子どもの回復段階に合わせて……110
学校選びは子ども自身の感覚を大切に……112
高校入学後の不安や悩み……119
学校は自分のために活用するところ……121
入学したけど学校に行けない……122
「教室に入れない」「休みがち」でも大丈夫……124
進路変更も考慮して情報を集める……127
不登校経験を進路の糧にして……136
百のアドバイスより「しんどいんだね」の一言……142
今を大切に子どもと生きる……148

スペシャルインタビュー

第4章　社会人となった3人の不登校、進学、就職

あとがき

第1章　不登校の子どもたちの成長

10年の活動から見えるもの

10年経ってみれば子どもは自分の道を歩んでいる

不登校をキーワードに子育てを考える「親子支援ネットワーク♪あんだんて♪」の創設は２００３年４月。不登校の子どもを持つ９人の母親が自分の思いを語り、支えあう場を持ちたいと、ボランティアで活動を始めてから満10年を迎えました。

当時、不登校だった私たちの子どもたちは、学校へ行けなくなり始めた焦りと混乱の時期を過ぎ、家でゆっくり過ごしながらエネルギーを充電している状態でした。そんな子どもたちを見守りながら日々を送っている私たちにとって、ちょっと先を行く先輩お母さんの話される不登校の子どもの成長した姿を知ることが、一番の安心であり支えになりました。その支えを次の悩める人たちに手渡していこうと今日まで相談活動を続けてきました。

誰にもわかってもらえない親の葛藤や辛さを抱え、理解してくれる誰かとつながりたいという切実な思いは、初めて相談に来られるお母さんたちに共通しています。

でも、遠方に住んでいて直接会えないお母さんもいらっしゃいます。

そんな方にも私たちの経験を伝えて支えにしていただきたいと思い、この本を書くことにしました。

10年経った今、活動当初からの会員の子どもたちは、それぞれに自分の道を見つけて学校へ、社会へ踏み出していきましたが、今子どもが不登校になって相談に来られるお母さん方の悩みは、私たちが苦しんでいた2000年前後とあまり違いはありません。

今でこそ笑って話している私たちですが、子どもが学校に行けなくなり始めたころは、しばしば道に迷うことがありました。

不登校になるまでは、学校に自宅が近い便利さを喜んでいたのに、登校する子どもたちの姿を目にしたり、学校のチャイムの音を聴くたびに涙が出てしまい、家に居る子どもに悟られないように泣いていたというスタッフがいます。

また、学校に行かせようともめていた際、恐怖におびえる娘の目を見てハッとしたという者もいます。それは、朝急に担任の先生が迎えに来られて登校を促され、制服を着せようとする親と抵抗する子どもとの間で、服の引っぱり合いになったときのことでした。服を引き裂こうとした我が子の目を見て初めて「学校はそんなにも恐怖心を起こさせるところなんだ。この子にとって苦しい場所なんだ」とわかり、先生にお引き取りいただいたのでした。

先生も「何とかして来てほしい」と一生懸命だったのだと思いますが、そのときはそれに応えるだけのエネルギーが子どもに貯まっていなかったのです。

お母さんが支えられると子どもは元気になる

不登校になると、教師や支援者は直接子ども本人に関わろうとしますが、子どもが支援の手につながるためには、まずは家で休んで心身の疲れを取り、外に動き出すエネルギーを回復しないと出て行けません。そのエネルギーを充電するには、家のなかに子どもが安心していられる環境が必要ですが、その環境づくりの最も重要な担い手は母親です。

よく「親が変わると子どもが変わる」と言われますが、それはお母さんが無理に元気になるということではありません。お母さんたちは、最初は非常に沈痛な表情で相談に来られ、泣きながら話される方もいます。そんなお母さんが、辛い思いを受けとめてもらい、だんだん明るくなって笑顔が出てくるようになると、連動するように子どもが元気になっていくのです。

お母さんが悩みを受けとめて聴いてもらえると心に余裕が生まれます。家に帰ってから子どもに明るい顔を見せられます。自分が学校へ行けないせいで、お母さんが辛い思いをしているのではないかと子どもは親の顔色に過敏になっていますから、外で話を聴いてもらってお母さんが落ち着きを取り戻したり、子どもに辛い顔を見せずにいられたりするのはとても大事なことなのです。

今までに子どもが元気を回復していく例を見てみますと、次に挙げるようなお母さんを支えてくれる人が身近にいます。

1つは、お母さんのしんどさを理解してくれて、話を受けとめて聴いてくれる人。

お父さんでも、祖父母でも、友だち、学校の先生、地域の人、親の会、フリースクールの指導者などお母さんが安心して何でも相談できる人が一人でもいればいいのです。できれば複数いるとなおよいですね。たいていの母親は、子どもが不登校になると、自分の子育てを振り返り、自己否定をしたり、自信をなくしたりしています。特に一人親家庭のお母さんは、毎日子育ても仕事も精一杯頑張っていても自分の無力を感じたり、離婚経験がある場合は、相当な辛い経験をしていても「もっと我慢できたのではないか」と自分を責めていたりします。でも、どの母親も一生懸命子育てしてきた自分を肯定してくれる誰かに出会うと、学校へ行けないということだけで自分の子育てを全否定してしまう気持ちが少し明るくなり、「この子にはこの子のよさがある」という当たり前のことを思い出させてもらえます。

2つめは、子どもの心の状態を理解できるように、お母さんに伝えてくれる人。

これは、親の会の世話人、カウンセラー、フリースクールの指導者など多くの不登校の子どもに寄り添って成長を見てきた支援者です。だんだん生活習慣が乱れてくる我が子を見て、親は子どもがなぜ朝起きられないのか、ゲームばかりするようになるのか、子育てを間違ったのかと辛い気持ちになってきますが、子どもの状態や行動をよくわかっている人から教えてもらって理解できると、焦りと不安でいっぱいだった心が落ち着いてきます。また、親の会で先を行く先輩お母さんや不登校経験者の話を聴くと、子どもの先行きが見通せて安心できます。

でも、相談に行ってお母さんがしんどくなるようだったら、自分に合うところを探したほうがよいでしょう。学校へ行けなくても、子どもは日々家のなかでも成長しています。その小さな変化に気づき、一緒に喜び合えるような支援者を選んでください。

3つめは、必要な情報を伝えてくれる人。

情報といっても、マスコミや本から得られる一般的な情報ではなく、当事者が切実に求めている役に立つ具体的な情報です。親の会や子どもの居場所、フリースクールなど、多くの不登校の子どもたちが成長し、巣立っていった場では、具体的で多様な情報が得られます。

特に中学卒業後の進路の情報は通信制・単位制や定時制をはじめ、不登校の生徒の対応に取り組んでいるいろいろな高校があることを知ると、暗いトンネルに入って出られないような行き詰まった気持ちに、ぱっと光が射してきます。これも実際にその学校へ行っている人から聞けるとなおよいのです。

不登校の毎日をどう過ごしてきたのか

今学校に行けなくなり苦悩の真っただなかにいる子どもと親にとっては、「不登校の毎日をどう過ごしていけばよいのか?」「誰にどういう支援を受ければよいのか?」「学校との関わりはどうしたらよいか?」ひいては「どのように将来の道を見つけていくのか?」ということが知りたいのではないでしょうか?

学校へ行っていない子どもと毎日暮らしていると、小さな悩みから大きな悩みまで、通常なら考えもしないことで立ち止まって考えなければならないときがあります。そういうときに、親はどのように考え、向き合ってきたのでしょう。当事者の子どもたちはどうだったのでしょう。♪あんだんて♪会員のお母さんと不登校経験者の意見を紹介してみたいと思います。

それぞれの家庭の人間関係、まずはきょうだいについて話を集めてみました。

きょうだいとの関係はどうだったか

きょうだいがいる場合は、唯一同じ目線で話せる存在であるため、よい関係性ができたり、逆にお互いわかりあえずいざこざが生まれたりと、お母さんはハラハラさせられます。きょうだいがどちらも不登校という場合も珍しくありません。

きょうだいのいずれかが不登校の場合

子どもが学校へ行けなくなると、学校へ行っているきょうだいへの影響が心配になります。特に、行っている子どもがクラスでしんどくなっている場合、親は二人に別々の対応をしなければならないので悩みます。登校しているきょうだいが学校で楽しくて、家に帰ったら不登校の子どもと仲良く遊んでいると親も助かります。

学校へ行っている子どもが、学校でしんどい思いをしているときは特にそうですが、不登校のきょうだいを責めたり、拒否したりして〝小さなバトル〟を繰り返すこともあります。親としては、どちらの味方になることもできず悩みますが、行っている子どもには、その頑張りを認め、家にいる子どもには、その状態でいるしかないしんどさを認める、という気の持ち方がよいと思います。それが「一人ひとりのありのままの姿を認める」ということになります。不登校の子どもと学校に行っている子どものきょうだいを持つお母さんに当時の思いを聴いてみました。

◆兄の通っている学校に（学校に行っていない）弟が入学するとき、兄が「自分を使って、担任が連絡を取らないように伝えてほしい」と言った。逆にその役割を果たしたいと思う子どもさんもいるようなので、子どもに聴いてみるといいと思う。

◆姉が不登校していたとき、同じ中学に行っている妹に、先生が「お姉ちゃん元気にしてる?」と聞かれるのが嫌だったそうだ。中学くらいになると、学校できょうだいと出会っても知らん顔をしていることも多いので、特に友だちの前では不登校のきょうだいのことを聞かれたくないと思うようだ。

◆学校に行っていない弟のことを特別視せずに、今まで通り遊んでくれた兄。自分の学校のことなど普通に話していて、弟は行ってなくても今流行っているものなど学校の情報に触れられたようだ。今もとても仲がいいのは、あの時期のおかげかも。私も兄に相談して、弟の気持ちなどを聞けてよかった。

◆姉妹とも小学生のとき姉が不登校だったが、妹は本当に学校が楽しかったようで、休んでいる姉を責めたり嫌ったりすることはなく、仲も良くて助かった。学校の様子や情報が妹を通して自然に入ってきたので、姉も学校とのつながりが途切れずにすみ、学校へ戻るときも比較的スムーズだったと思う。姉のクラスの子たちも、妹を気にかけてかわいがってくれたり、妹の友だちが家に来て姉も一緒になって遊んだり、我が家では妹の存在にとても救われたと思う。

◆長女が不登校だった中学生のときに、当時幼稚園児だった次女は、「毎日お姉ちゃんがいる」という感じだったようだ。母としても、外出するときにお姉ちゃんがいてくれるので助かる、と思っていた。

でも、あまり年齢が違わないうえに学校好きな弟には長女の不登校は受け入れがたかったようだ。ときどきバトルや口もきかない日々もあり、家族それぞれがしんどい思いもした。親としてはきょうだい仲良く、がベストだけど、小さなバトルを繰り返しながらもお互いを理解し合って、気持ちを汲んだり思いやりながら、ほどよい距離感を持っていってくれたらよいのではないかと思っている。

◆姉が行けなくなったことを妹に知られないように、最初のうちはいろいろ策を弄した。姉が学校へ行かなくなってから、姉をいじめていた子が妹に矛先を向けるようになり、妹が「おねえちゃん、学校へ行ってよ」と泣いて訴えるのを、姉が辛そうに聞いているのを見ていて本当に辛かった。

きょうだい共に不登校だった場合

きょうだいがほぼ同時に、あるいは時間が経過してから不登校になる場合があります。親としては、子育てに失敗したような気持ちになることもあります。

上の子が不登校になったときは、親も一方的に子どもに登校を強いる場合もありますが、結果的にそれが無理なことだと上の子で経験すると、二番目の子が学校で苦戦するような状態になってもじっくりと話を聴いてあげられるようになっています。

きょうだいが共に不登校だった子どもを持つお母さんに聴いてみました。

◆子ども2人が、ほぼ同時期に不登校になっていたので、それぞれの担任の先生と連絡を取らないといけなかったことが大変だった。悩んだ時期もあったが、結果的に、個別に対応する必要はなく、逆に楽だったかも。当時、小学生だったが、家にいても遊び相手がいるというのは、親としては助かったことのほうが多かった。再登校し出したのも同じ時期だったので、兄弟は影響しあっていると感じた。現在兄弟仲がよいのは、この期間を密に過ごしていたからかもしれない。

◆自分が先に不登校になっていて、その後、弟が不登校になったことで、自分が行かなくなって、弟までが不登校になってしまったと思ったそうだ。

◆姉が行かなくなってから、妹まで行けなくならないように気を遣った。それは自分が「子どもを不登校にするだめな親」と思われたくなかったからだと思う。後年、妹が行けなくなったころには姉は元気に活動していたので、妹の不登校は冷静に受けとめられるようになっていて、早めに休ませることができたのはよかった。

◆不登校と言っても一人ひとりの経験は違うので、親として子どもの理解にとまどうこともあり、そんなとき年齢の近い上の子どもに不登校していたころに感じていたことを聴いて参考にしたこともある。家族のなかで不登校の話をはばかりなく話せるのは、子どもたちがみんな不登校を経験したおかげと思う。

◆妹が高校を辞めたいと言い出したとき、姉が不登校を経験していたので、子どもの訴えに耳を傾けることができ必要以上に苦しめずにすんだと思う。その一方で、姉の不登校経験がなかったら、「もう少し頑張らせて学校へ行かせていた」かもしれない。どちらがよかったのかは今はまだわからない……。

◆先生が学校へ行っている子も行っていない子も気にかけてくださりありがたかった。不登校だった上の子の担任が、翌年下の子の担任になったが、上の子の担任を外れても変わらず関わりを持とうとの配慮からだったようだ。

不登校の子どもがきょうだいにしてほしいこと

振り返ってみると、不登校経験者はきょうだいへ感謝することが多いようです。特になにをするのでもなく、ただ話しかけられるままに、その話を聴いてくれるだけでも鬱屈してしまいがちな心の負担を軽くしてくれたと言います。

こうして親や子どもの声を聴いてみると、家庭のなかに温かい空気が流れているのを感じます。学校へ行っている子も行っていない子も、ときにはせめぎ合いもありつつ、それとなくお互いを思いやって共に暮らしている家族の光景が浮かびあがってきます。

不登校だった子ども自身にきょうだいへの思いを聴いてみました。

◆きょうだいにはきょうだいにしかできない支え方というものもあると思います。不登校自体に対する積極的な働きかけはあまりせず、普通の家族として接してあげて、もし、何か相談を求めてきたらその範囲で答えてあげてほしい。

◆きょうだいに不登校の子どもがいることで、嫌な思いをすることがあるかもしれません。しかし、それはぐっとこらえてあげてください。不登校の子どもは本当に家族に感謝している人が多いです。それは当然、きょうだいに対してもそうだと思います。時が過ぎれば、きょうだいに対して恩返しをしたいと思っている人はたくさんいるのです。

◆不登校のとき、親に心配させたくなくて言えなかったことを、兄が聴いてくれたことが何度もありました。兄は僕の顔を見て、しっかりと耳を傾けて、深く相づちを打ってくれる……なんてことはしませんでした。顔はテレビゲームに向いたまま、耳はゲームの音楽に傾けられ、相づちは聴いているのかどうなのかわからないほどにテキトー。でも、だからこそ、僕はいろいろなことを話せました。

テキトーに話を流してくれるから、胸に詰まってうまく言葉にならないことも、沈黙も、定まらない気持ちも話せました。こうやって、話をテキトーに聴いてくれる場所になってくれていたことは、正直僕にとってとても大きかったです。

◆僕が不登校だったことは、兄にとって不都合だったこともあるでしょう。それでも、一切僕を責めなかった兄を、ほんのちょっぴり尊敬していたりもします。

一人っ子の場合

一人っ子の場合は、親子以外の関係をつくることが難しくなります。同級生との〝競争関係〟に疲れている場合も多いため、ペットなどの世話をすることで癒やされる場合があります。また、家庭教師などの異年齢の相手と交流することで将来のビジョンが見えてきて動き出すきっかけとなった子もいます。

一人っ子の子どもが不登校だったお母さんに聴いてみました。

◆一人っ子だったせいか、家にいるころは常に「暇」と言っていた。あまり異年齢で遊んだ経験もなかったのだが、どうも（年下の子の）お世話をしたい様子だったので、夫に無理を言って（夫は動物アレルギー）小動物を飼うことにした。かなり面倒をみていたし癒されていたようだ。

◆中学のスクールカウンセラーに「一人っ子だから不登校になった」と言われた。ショック以外の何ものでもなく、この人には心のうちを話せないし、もちろん信用できないって思った。

◆一人っ子なので、家庭教師がゲームとか買い物とかも付き合ってくれ、お姉さん的な立場で関わってくれたのがありがたかった。母娘で遊びに行くときは、同じ目線で共に楽しむようにした。

子どもの不登校状態がお父さんに伝わらない辛さ

子どもが不登校になったとき、つまり家庭のなかで問題が起こったとき、それまでの夫婦関係があらわれてくるようです。お互いに認め合っている夫婦の場合は、母親の立ち直りが早いですが、夫が妻の人格を認めていない場合、母親が落ち込みからなかなか立ち直れず、子どももしんどくなっていきます。

一般的な例では、子どもに一番身近に接している母親が、まず子どものしんどさを理解し、母親から父親にその様子を知らせて父親もわかるようになっていきます。ときどき、母親が父親に言えないで黙っていることがありますが、いつバレるだろうかと緊張を抱えていて、子どもと夫の間に立っている母親は辛くなります。

多くの父親は、登校しようとして「行けない」と葛藤し、さまざまな症状を出している我が子の姿を目にすることはありません。父親が目にするのは、学校に行くことから解放され、一見リラックスして家で過ごす子どもの姿。そのため、子どもが学校に行けないというしんどさを理解できないことがよくあり、そこが母親とのギャップになっているように思います。特に「子どもを不登校にしたダメな母親、だから父親の自分が頑張らなければ」という否定的な気持ちから父親が前面に出てくると、母も子どもも追いつめられてしんどくなってしまうことが多いです。

自分自身も職場などで大変な思いをしている父親だけに、「甘えている」「怠けている」としか見えない子どもに、いらだったり、腹が立ったりすることもあるのでしょう。特に男の子の場合は、こんなことしていてちゃんと社会に出て仕事ができるようになるのかと心配して焦ってしまいます。それでも、一度子どものしんどい姿、こわばっている顔を目にすると、行かせようとしても無理なのだとわかるようです。父親なりに子どもを理解しようと努力してくれると、子どもによい変化がみられます。

　子どもが不登校だった当時の夫婦関係を思い出してお母さんたちに語ってもらいました。

◆私自身も不安だし、どうしようもなくなっていたときに親の会に出会い「このままでも大丈夫」と思えるようになっていったが、それを夫のほうはなかなか受け入れられなかったようだ。たぶん、彼も仕事が大変な時期で、彼自身にもゆとりがなかったのだろう。日が経つにつれ、夫も少しずつ理解してくれ、いつのまにか私よりどっしりと構えるようになったと思う。「夫婦で同じほうを向いて子どもを支える」という意見もよく聴くが、なかなか難しいこともある。意見が違っていても仕方ないけれど、話し合っていくことは必要だと思う。そのおかげで夫婦仲もよくなった気がする。

◆夫は、カウンセリングに行くことも、親の会に同席することも、学校に出向くことも一度もなかったが、もともと本が好きなので、買う本が、思春期の心理学や親子関係の本ばかりになっていた。夫も自分なりに何かしら手がかりを探っていたようだ。夫婦がそれぞれ別のアプローチで、不登校を学んでいた時期であったのかもしれないと思う。

子どもが不登校になったときのお父さんの役割

お母さんに寄り添って支える

夫婦は、共に苦労を分かち合える存在だということが不登校を通じてわかる場合もあります。子どもが元気を取り戻すには時間がかかりますから、その間の不安や焦りをお父さんに分かち合ってもらえることでお母さんはずいぶんと心に余裕が生まれます。

子どもも、お父さんの様子はよく見ていて、自分も含めて家族のことを思ってくれる父親の存在にはやがて誇りを持つようです。

◆日々の子どもの対応はやはり母親中心になるのは仕方がないので、その母親のしんどさを支えてほしい。子どもが小さいときには、子どもを外へ連れ出して母親を子どもから解放してあげる時間をつくってくれたらうれしい。子どもが大きいときなら、気分転換になるように母親を映画や食事に誘うとか。子育ての問題は大変だけれど、母親任せにせずに、一緒に悩み考えてください。

◆学校の先生との面談に同席してくれた。両親揃って行くと、担任だけでなく管理職の先生も出てくることが多く、学校全体の対応が違ってくるような気がする。親の考え方や方針についても、母親だけのときよりも理解を示してくれる。

◆（子どもから見たお父さん）私の父親は、おそらくは母親を支える存在だったのではないかと思っています。不登校に対する理解というのは、あまり進んでいませんから、親戚、近所や友だちなどから母親はある意味ではおせっかいなアドバイスを受けたりしたと思います。そういうときに、父親はそのような外野の声から母親を守る壁になっていたように思うのです。

お父さんの子どもへの関わり方

子どもの不登校は、家族にとって大変な時期ですが、振り返ってみるとお父さんと子どもがお互いの気持ちを通じ合わせたり、濃密な時間を過ごせたりしています。

お母さんの包容力とは違って、お父さんは結果的に社会に向かって動き出すための後押しになってくれる場合もあります。

お父さんの役割への期待や不登校のときに見た実際のお父さんの姿について聴いてみました。

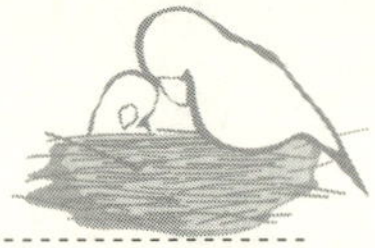

◆父親には子どもに接することが多い母親とはまた違った子どもへの接し方があり、ある意味では役割分担が必要なのかなと思います。その役割とは、家族の在り方によってさまざまでしょう。例えば、子どもと母親の会話が不登校の話が中心になっているなら、父親はあえて、不登校とは関係ない話ばかりしてみたり、実際口に出すのが母親なら、無言で見守ってみたりとかが考えられます。

◆（小学生のとき）うちの父は休みの日にプールに連れて行ってくれました。引きこもり状態の我が子を少しでも外に出したいという気持ちからだったのでしょう。疲れているのに、わざわざ連れて行ってくれました。でも、僕は嫌でした。めんどくさかったし、なによりも土曜日が隔週で休みだったのに、休日ではない土曜日もプールに連れて行かれて、周りの目も嫌でした。実は父もそのことについて知らないおじさんに突っ込まれたそうです。でも、父は言い返してくれたそうです。「休みじゃない日に来てたら何が悪いんですか」と。今考えると、すごくうれしい言葉です。

◆不登校になって家にいたから、子どもが父親の仕事（自営業）を手伝ったり、たまに子どもから頼まれて夫がハイキングなどに連れて行ってくれたりできたのかと。後に、その経験が子どもの進路や職業選択に影響しているのを見ると、あの時期があってよかったなと思います。

◆いつもそばにいる母親は子どものしんどさを目の当たりにしてるから、理解しやすいのかもしれませんが、父親は今までの価値観を変えるのはしんどいと思います。それぞれの家族でいろんな葛藤があるけれど、最後はおさまりやすい形になればと思います。お父さんにもねぎらいの言葉をかけたいですよね。ときには家族で「ほめっこ」すると、笑えるけどちょっぴりやっぱり大人もうれしいもんです。

column

「お父さん」のままでいてくれたらそれでいい

（不登校を経験した若者からお父さんへ）

僕はこの春から社会人になりました。「働く」ということを初めて経験して、それがどのくらい大変なことかと痛感しました。うちの父をはじめ多くの父親は、家族を養うために働く毎日を送って、生活費を稼いでいるわけです。当たり前のものを当たり前と思えるのは、生活費があるからだとやっと実感を持って考えられるようになりました。

うちの父親は、正直まったくと言っていいくらい不登校のことを話してくれませんでした。これからどうするのか、どう考えているのか、不安は？期待は？父がどれだけ思っていても、心配していても、それはすべて母を経由してでしか、僕の耳に届きませんでした。だから、父が不登校に関して何かを話してくれたという思い出はありません。

でも、今となれば母親を経由して考えを伝える気持ちもわかります。父だって辛いし、不安だろうし、母から伝えたほうがよいと判断した父の気持ちもわかるから。(子どもが不登校になったら)いくら一家の大黒柱でも、父親でも、みんな初めてでとまどったり、不安になるのは当たり前。自分は今、父がどんなに仕事が忙しくても心配をして、考えて、悩んでくれたことがすごくうれしいし、尊敬します。

どうしていいかわからないお父さんがいたら伝えたいです。仕事をして疲れているのに、それでも子どものことを、家族のことを考えてくれるなんて、それだけですごく素敵です。子どもは絶対に親のすごさを知るときが来ます。だから、不登校でもそうじゃなくても、「お父さん」でいればそれで十分素敵なんです。

不登校になったときの祖父母との関係

祖父母は、子どもにとって「大好きなおじいちゃん、おばあちゃん」とい

う存在ではありますが、親にとっては「自分や配偶者の親」。とても頼りになるときも多いのですが、時代の変化、価値観の違いから気持ちが上手く通じ合わないこともままあり、親の悩みの一つになってしまうことがあります。また「孫のことが心配だけど、どうしたらいいのかわからない」という祖父母の声も聞こえてきます。会員の経験や相談のなかから、いろいろな意見を集めてみました。

祖父母の対応でうれしかったこと

子どもが不登校になったとき、親と異なる立場で孫の成長を見守ってくれる祖父母の存在はありがたいです。親と学校と異なる第三者としての大人の視点も後々の子どもたちによい影響を与える場合が多くあります。

子どもが不登校だったころの祖父母との関係について聴いてみました。

◆おじいちゃんもおばあちゃんも、私にはいろいろ言ってきたけれど、子どもに直接説教するようなことはあまりなかったようで、その点ではありがたかった。やっぱり孫はかわいいのでしょう。

◆小さいころは頻繁に顔を出していたけれど、中学生になるとだんだん距離が離れてくる。孫は無条件にかわいいらしく、学校に行くのがしんどいことはまあまあ理解してくれたと思う。ダイレクトに子どもに何か言うこともなかったのでときどきは遊びに行っていた。

◆私自身がしんどいとき、物理的な（果物やお弁当）差し入れはありがたかった。でも何もかも正直に話したわけではないし、ときどきは報告していたが、心配だけをかけていたかもしれない。

◆休み始めた当初、義父が「親が一番学校には行って欲しいし、子どもらのことを心配しているはず。自分らがとやかく言う必要はない」と言っていたのが印象に残っている。

◆義父母たちは、私たち親が主体であり、祖父母の立場で何か言えるようなたやすい問題ではないということを言ってくれていたので、差し出がましいことや、私たち親を責めるようなことは、何も言わなかった。あくまでも、普段通りの接し方で、子どもたちにも私たちにも接してくれたので、子どもらは祖父母ともずっと良好な関係でいられた。心配してくれている気持ちは感じていたので、ありがたいと思っていた。

◆子どもたちには、普段どおりに接してくれて助かった。また、学校に行っていないことで人との接点が少なくなりがちだったが、コミュニケーションを学ぶといった意味でも、理解ある身近な大人として祖父母の役割は大きかった。

◆子どもには何も言わなかったし、家以外に行くところがなかった子どもにとっては、家族以外の第三者の意味合いもあって、親にも言えないことを話す時期もあったようだ。

◆同じ不登校だった友だちから「学校へ行けなくなってから、おじいちゃんおばあちゃんにお年玉をもらえなくなった」と聞いて、「私は行っているときも行ってないときももらえてよかった」と言っていた。子どもは学校へ行っていない自分を祖父母が受け入れてくれていると感じたのだろう。

◆息子が小学5年で行けなくなったとき、私が仕事で忙しいときに子どもを実家に連れて行ってくれた。「裏をみせ　表をみせて　散るもみぢ」という良寛和尚の句を聞かせて、「生きてたらいろんなことがあるなあ。A君が学校を休むようになってゆっくり一緒にいられて、おばあちゃんはうれしいなあ」と言ってくれたそうだ。子どもにとっては、祖父母のこんな関わりがうれしいのです。

◆祖父母は両親にとっては支え役に、私にとっては私と両親の仲を仲裁する役目を持ってくれていたような気がします。

◆私は、不登校になりたてのころ、とりあえず家の空気が嫌で祖父母の家に2週間ほど住まわせてもらったことがありました。そのときは、まだ、両親も私も混乱を極めており、よい冷却期間になったと思います。その後も、家のなかが微妙な空気になったときには私は祖父母を頼り、祖父母の家にお邪魔させてもらいました。

◆そのときの、祖父母の立場は「まあ、ゆっくり休みなさい」といった感じで、不登校のことに触れることもなく、私はただゆっくりと過ごしていたような気がします。

祖父母の対応で少し困ったこと

学校生活は、どんな人も経験しているのでそれに対する固定観念がありま す。個人的な経験ばかりでなく、祖父母世代、親世代共に時代を反映した価値観の下で過ごしてきます。そこにはなかなか相互理解できない場面も生まれる場合があります。

祖父母が心配して言ってくれる言葉が、解決策を見いだせない親にとってはプレッシャーになることもあるでしょう。

学校に行けなくなった孫を心配するあまり、親に厳しいことを言ってしまう祖父母たち。それでも本人には直接あれこれ言わず、今まで通りに接してくれることも多いようです。親は学校との関わりや友人知人、親戚、ＰＴＡの付き合いなどで、我が子が不登校になると困難に直面しますが、せめて祖父母は、学校へ行っているときも行ってないときも、孫を受け入れてかわいがってくれたら、子どもの自己肯定感をふくらませる力になるのではないでしょうか。

子どもが不登校だったころ、祖父母との関係で少し困ったことについて聴

いてみました。

◆当初、子どもが行きにくくなったときには、「昔の人は小学校も行かん人でも普通に大人になっていた」「そんなに無理に行かせんでもいい」などと言ってくれていたが、不登校が1か月、2か月……1年と続くとさすがに「いつまで行かせんつもりや」となった。別に行かせてないわけではないのだけれど……。

◆当然、実家への足は遠のくしあまり相談も報告もしなくなった。また、子どもが動き出して学校へ行くようになると「立ち直ってくれてよかった」だって。心配してくれていたことも、子どもの成長を喜んでくれていることもわかるけど、「立ち直って……」って言われるとちょっと違和感あるんだけれど。

◆行けなくてもいいけれど、引きこもらせたらダメだということをよく言われて、それがけっこう親のほうのプレッシャーに。その時期、引きこもりが話題になった時期だったので、心配だったのだと思う。

◆やはり不安なのか「こんなことしてて大丈夫？　どうするの？」と聞かれることもたびたび。それは親のほうが誰かに聞きたいくらいで、聞かれても何も言えないのが辛かった。

祖父母との距離感は「ちょっと助けてね」

親世代と祖父母世代は価値観も違うので、理解してもらおうというより、「ちょっと助けてね」くらいの距離感が保てたらよいのでしょう。「それまでの関係性などもあるので一概に言えないけれど、まず、親に援助してほしいことなどを聴いてもらえればとてもうれしい」という意見もあります。ただ、渦中にある親のほうがそれを伝えるのがとってもしんどいこともよくあります。

祖父母の世代も親の世代も、よい悪い関係なく学歴の恩恵が大きかった人は、やはり不登校に対して不安と焦りが大きく、また親戚に高学歴の人が多いと嫁の立場としての母親とその子どもの苦しみがより大きくなっているのも感じます。

また義父母との関係となると、苦労が多くなることもしばしば。同居ともなると、さらに問題が複雑になることもあります。次のような声もありました。

◆同居だったので、私が仕事に出ているとき子どもにいろいろ言っていたようで、子どもが不安定になっていた。嫁の立場からは言いにくいので、夫から義父母に「子どもの教育については、親が責任持って育てているのだから何も言わないで、普段通り接してやってほしい」と伝えてもらった。

知らせずにいることも選択肢に入れて

一方、年に数回しか会わない義父母に、子どもが学校に行っていないことを言わなかった例も。それぞれの家族によって状況は違うと思いますが、やはり学校に行かないということを理解してもらうことは大変だし、場合によっては本当のことを話さずにいるというのも選択肢の一つではないでしょうか。夫婦それぞれが自分の親の性格や状況に応じて、夫婦で話し合いながら祖父母と付き合っていくのも一つの方法と思います。

こんな子どもの声は参考になりますね。

◆（僕の場合は）片方の祖父母は知っていて、片方は知らないという状況でした。でも、正直どちらもけっこう辛かったですね。どっちがよいとは簡単に言い切れません。

でも、自分にとってうれしかったのは、どちらの祖父母にも不登校をしていたことを責められたことがないこと。祖父母がすべてをすぐに受け入れてくれたかはわかりません。でも、責める言葉を口にされたことはありません。みんな責めることも、急かすこともせずにただ「頑張れ」と優しく背中を押してくれます。そしてこれはきっと、僕が生まれてから今まで、ずっとそうしてきてくれていたんじゃないかなと思います。

column

今は祖母の「頑張ったね」が心に響く

最近、母方の祖母に会うと、たまにお酒をくみ交わしながら不登校の話をします。そのとき、祖母はたくさん「頑張ったね」と言ってくれます。年に数回しか会っていなかったのに、ちゃんと自分のことを見ていてくれたんだ。心配していてくれたんだ。それが「頑張ったね」の一言からすごく伝わってくるんですよね。ホントにうれしい。例え別々に暮らしていても、やっぱり身近な人には自分のことを理解してほしいし、応援してほしい。そして、わかってくれたときはホントにうれしいもの。それが僕が孫として思う素直な気持ちです。

学校以外の第三者とどう関わったらいいか

学校に行けなくなったとき、子どもが友だちや周囲との関わりを断ち切ってしまうことがよくあります。特に友だちとの関係がしんどくなったり、いじめが原因になったりしているときなどは、同世代の子どもと関わることが心の負担になることも多いのです。そんな場合は無理に友だちと関わり続けるより、いったん距離を置くほうが、ゆっくりと休むことができます。

まずは、家庭で家族との関わりを大切にしながら心身をゆっくり休めること。エネルギーが貯まれば、子どもは自然と家族以外との関わりを求めるようになります。

今は行政の支援も充実し、フリースクールもたくさんできています。そのために親が「学校に行けなくても、どこかに行ってほしい」という気持ちになり、また周囲からのすすめもあって、子どもが十分に休めていないうちから第三者との関わりを持つことも多いようです。しかしちょっと回復し始めたエネルギーを使い果たしてしまい、またしんどくなることもよくあります。そのとき「やっぱりダメだった」と、子どもの気持ちが大きく傷つくことも多いので、子どもの決定を待つことが大切です。

不登校のとき、どんなふうに第三者との関わりを持ったか、意見を聴いてみました。

◆不登校になり始めた当初は、親兄弟、同居の場合は祖父母も含めた家族中が揺さぶられ、お互いに葛藤が生じるけれど、ある程度落ち着きを取り戻して子どもが家にいることが常態化してくるまでには半年から一年くらいかかる。第三者との関わりは、やはり子どもが家で安定していられるようになってからだと思う。

◆子どもが家でゆっくりやりたいことや好きなことができるようになると、それを通じて家族以外の人と関わるようになったり、話し相手として学生さんに来ていただいたりできるようになった。

◆担任の先生が家庭訪問で、学校以外の話題や子どもが興味を持ちそうなものを持ってきてくださるのはありがたいと思った。義務感からではない、子どもへの思いやりを感じてうれしかった。

◆小学生のときは、学校へ行っていなくても、放課後になると誰かが遊びに来てくれていたので、他人との接点がなくなるという不安を感じることはなかったが、中学生になると、友だちとの交流は、まったく途絶えてしまったので、心配だった。同居の家族と、近くに住む祖父母たちくらいの交流となっていたが、エネルギーがないときは、それで十分かもしれない。ある医師に、「家族は、社会の一番小さな単位だから、家族間でコミュニケーションが取れていれば大丈夫だ」と言われた。その言葉に、ずいぶん救われた気がする。

少しエネルギーが回復したころに、出かけられそうなフリースペースや、適応指導教室のような場所があることを伝え、そこに行き始めたら、最初はしんどそうだったが、次第に楽しんで行けるようになった。その場に馴染み、信頼する人ができると、驚くほど元気になっていったので、「人は人との出会いによって成長する」ということを実感した。

◆家族以外の関わりという点では、いろいろな人に助けていただいたと思う。子どもが家で「暇や〜」を連発していたころ、どこか居場所がないだろうかと積極的に情報を求めてあちこちに出向いていた私。家から出るのがしんどそうなとき、家庭教師として話し相手になってくれる大学生が来てくださり、いっしょにゲームをしたりして関わっていただいた。そのうちフリースペースに通うようになって、少しずつ自信がついてきたようだった。親に、相談できたり情報を得られるような居場所（♪あんだんて♪）があるのは安心感を得られてありがたかった。

◆当時の児童相談所の紹介で週1回1時間メンタルフレンドの訪問を受けていた。同じ学生さんが3年以上通い続けてくれ、不登校の子どもにとって、訪問が唯一1週間のリズムを作ってくれていた。トランプをしたり、絵を描いたり、たわいもない時間だったと思うが長い付き合いになっても、決して深く踏み込むことをせず、同じペース同じスタンスで会いにきてくれていた。決して裏切らないというメンタルフレンドへの信頼感が、子どもにとって、その後の人間関係を築くうえでとても大切な基盤になっていると思う。

◆友だちとの関係がこじれて学校に行けなくなったうえに、担任の先生にもあまり理解がなく親の方がしんどくなってしまい、最初は周囲との関わりが一切なくなった。1年半ほど経って生活が落ち着いたごろに、親の会を通じて紹介してもらった方に、家庭教師の名目で来てもらうようになった。その際に親の会の方に「本当に子どもさんが来てほしいと言っていますか?」と念押しされ、いつから来てもらうのかも子どもの意見を尊重した。その方に来ていただいてから、趣味の合う人のところへ一人で出かけることもあった。またそのころに理解のある担任に出会い、趣味の話をしに家庭訪問に来てくださったり、文化祭の展示品で家庭で作れるものを分担させてくださったりと、家にいながら学校生活にも関われるよう配慮してくださったことがとてもうれしかったようだ。

4年以上学校に行かず友だちと会うこともなかったが、親やきょうだい、祖父母との関係を大切にし、細々と負担にならない範囲で第三者の関わりをつくっていったことが、後に彼がいろいろな人たちとの関係をつくっていく基盤になっていったように思う。

◆不登校傾向の子どもたちのキャンプを本人が気に入り、小学校4年の春から高校卒業までの8年間、毎年参加して仲間や自然と触れ合い、たくさんの経験を積み、成長の糧とすることができた。春休み、夏休みなど学校が休みの時期にあったので、登校できるようになってからも参加できたのもよかったと思う。異年齢の交流のなかで先輩たちの姿を見て、高校進学の必要性も知ったようだ。そこには親の交流会や、教育相談もあり、初めて一人でないことを実感できた。社会人になった現在も、親子とも当時の仲間たちとの交流は続いている。このキャンプは、説明会だけの参加や、子どもの状況に合わせて途中で帰ったり、途中から来たりと、利用の仕方はさまざま。もちろん、子どもが喜んで参加することが一番大切だと思う。

友だち（同世代）の関わり

友だちとの関わりを保っている子どももいますし、学校には行けなくても、塾や習い事などには通い続ける子もいます。クラスの人間関係とは離れたところで、例えば幼なじみなど、純粋にその子と遊びたくて来てくれる友だちとは、来てくれるとうれしくて楽しく過ごせます。

しかし、部活のトラブルで行けなくなった子どものところに、部員が大勢で誘いに来てくれるなど、「学校」を意識させられる関わりは、子どもにプレッシャーを感じさせ、とても辛くなっています。

先生に言われて、友だちがプリントを届けてくれたり、行事に誘ってくれたりすることもありますが、友だちが自発的な思いで来てくれているかどうか、不登校の子どもは敏感に感じるようです。本当に、自分を気にかけて来てくれる友だちには、会うとうれしいし、友だちが帰った後穏やかで安定しています。反対に、友だちが帰った後、不安定になるようであれば、親が先生と相談して、親がプリントをもらいに行くなどしたほうがいいでしょう。

前述したように、ゆっくり休むことができれば、子どもは自然に動き出します。好きなこと、興味のあることのためなら、無理をしてでも出かけて、親をびっくりさせることもあります。まず、家族との関係を大切にし、子どもの気持ちを尊重しながら、信頼できる人との関係をゆっくりつくっていくことが、子ども自身の生きる力を育てていくのではないかと思います。

学校や先生との関わり方

修学旅行や学校行事への参加をどうするか

親に修学旅行や体育祭、文化祭など楽しい学校生活の思い出があれば、それを経験できない我が子を不憫に思い、何とかして経験させてやりたいと思うようです。親自身が特によい思い出がなかったりすると、あまりこだわらない感じです。子ども自身は経験がないので、特に感慨はないようです。

修学旅行に連れて行ってあげたいと思う先生もあり、班分けやバスの座席の位置を考慮したり、宿泊の部屋を先生の近くにしたりして、できるだけ配慮してくださることがあります。子ども本人が、行きたいと思っているかどうかを聴いて、行きたがっているなら行きやすくなるよう、本人と相談しながら工夫と配慮をお願いするといいと思います。

修学旅行に行けなかったので、後から家族で同じところに旅行した、という例もあります。それも心に残る思い出ですね。

卒業アルバムと卒業文集

卒業アルバム

卒業の年になると、進路のことだけでなく学校とやりとりして決めなければならないことが多くあります。卒業式や卒業アルバムもその一つ。子どもの状態が落ち着いていれば、親子で相談して決めていくこともできますが、子どもがとてもしんどそうなときは、話題にも出せなくて困ってしまうことがよくあります。

写真を撮るにあたっては、「そのときだけ登校した」「学校に行っていたときのスナップ写真だけ載せた」「家族で撮った写真を載せた」「写真屋さんで個人で撮った」など子どもの状態に合わせて、いろいろなやり方があります。

その学校のなかで、どんな人間関係のもとで何を経験して不登校に至ったかによって、卒業アルバムに対する子どもの気持ちは大きく違います。だから、子どもが「撮りたくない、載せたくない」と言った場合は、その意志を尊重したいものです。まれに学校が強引に「どうしても載せたい」と言うケースがありますが、少なくとも、嫌がる子どもを無理矢理連れて行くということは避けなければならないと思います。

またアルバムの購入も、どうしてもいらないという場合は、学校にそのことを伝えていいと思います。学校によっては、生徒全員にアルバムを希望するかどうか聞いてくれるところもあります。ただ、「アルバムはいらないと言っていたが、実際受け取り、自分の登校していたころの写真を見つけると喜んでいた」という方もいました。いらないとは言いつつも、しばらく会っていない友だちの姿を見て懐かしく思うこともあるようで、複雑な気持ちがうかがえます。

一方、「卒業アルバムをもらったけれど、押し入れに入れたきり。見たくもない」と言っている子どももいます。やはり、学校でどんな経験をしたか、学校に対する思いは人それぞれですね。

卒業文集

卒業文集に関しては、書くことが好きで、自分にできることならやってみたいという子どももいるようで、アルバムとは切り離して、子ども自身が書きたいかどうかを確かめるほうがよいと思います。

卒業式

卒業式は、学校に通い続けてきた子どもたちにとっては、一つの区切りであり、「けじめ」でもあるでしょう。学校の先生方が卒業式の意義を重く受けとめていらっしゃるのもうなずけるのですが、学校へ行けなかった子どもにとって、卒業式がどんな意味を持つかは、一人ひとりの不登校の事情によって、またその子の心の状態によっても違います。年度末になり、卒業式を迎えた不登校の子どもは、どんなふうに過ごすのでしょうか？ みんなと一緒に式に出られるまでに回復し、元気になって卒業した子どももいます。親にとっては、感無量の思いの卒業式だったのではないでしょうか？ 逆に、小学6年や中学3年の最後のほうで行けなくなった子どもにとっては、辛い試練のときだったと思います。

次の進路を決めるのもまだしんどい子ども、学校から離れて孤独に過ごし、一人で卒業を迎える子どもにとっては、卒業式は「けじめ」というよりいっそう孤独を感じる日になっています。

卒業式に関しても、次のようにいろいろな参加の仕方があります。

◆卒業式だけ普通に、ほかの子どもと一緒に参加した。
◆ほかの子どもとは別に、保護者席の後ろとか観覧席で参加した。
◆式の終了後、母親が校長室で祝福の言葉と共に卒業証書をいただいた。
◆ほかの子どもとは別の時間や別の日に親子で行き、校長室で先生方が歌を歌ってお祝いしてくださった。
◆家庭訪問という形で先生が卒業証書を届けてくださった。

そうしたさまざまな温かい配慮が、子どもたちが次のステップへ立ち上がっていく力になっているのを感じます。

もちろん、その子なりに卒業式に意味を感じて出席することを決めたら、学校へ予行演習に行ったり、行けないときは歌の楽譜をもらって家で練習したり、証書の授与のやり方を教えておいてもらう、といったことも必要でしょう。一生懸命準備したけれど、当日になって行けなくなることもあるでしょう。でも先生とのそんなやりとりが、子どもの胸中に静かに刻まれていくことも感じています。

やはり学校へ行っている、行ってないに関わらず、卒業式は大きなイベントです。どんなかたちになろうとも、温かい思いが残るものであって欲しいですね。子どもと相談して、親が学校に希望を伝えてもいいと思います。

なかには「卒業証書はいらない」と、卒業式への参加はもちろん、何も受け取らないという意思を持った子どももいます。親の方は「区切りだから」とか、「せめて卒業式だけは出てほしい」と思ってしまいますが、子どもには子どもなりの考えがあるのでしょうから、できるだけ子どもの意思を尊重し、学校と話し合いをすることも必要と思います。学校が話を聴いてくれないとか強引で困っているという場合は、親が学校から子どもを守る必要も出てきます。

いずれにせよ、卒業までの先生と子どもや親との関係が、卒業式に反映してくるのだと思います。先生と信頼関係ができていれば、どんなかたちであれ、お互いが納得のいく卒業を迎えられるのではないでしょうか。

第2章　不登校から元気回復までの段階

不登校支援は回復段階に応じて

子どもが不登校になったり、問題が起きたりすると、親は「この状態がいつまでも続くのだろうか？」という不安から、子どもをゆっくり見守ることができなくなります。

親と学校との関係で言えば、信頼関係があると、連携して子どもを見守り、関わっていくことができますが、親が心配と焦りで余裕がないために学校の対応が悪いと思ったりする一方で、学校は親のしつけや子どもの性格がよくないと思ったりすることもあります。こうなるとお互いに原因を相手に見つけようとして対立してしまい、肝心の子どものしんどさ、悩みをゆっくり聞いてあげることがおろそかになってしまいます。

「担任が家庭訪問しても本人に会えない」という先生や「適応指導教室に行ったけど、すぐに行けなくなってしまった」という親、あるいは支援団体や教育機関から「うちへ来れば立ち直っていきます。うちでもだめなのは、本人や親に問題がある」という声も耳にします。「ゆっくり待つ必要がある」という意見もあれば、「見守るだけではいけない。登校刺激は必要」という意見もあります。

これは、どちらが正しいという問題ではないのです。同じ対応でも上手くいく場合といかない場合があるのは、本人とのマッチングもありますが、回復段階に応じた支援になっているかどうかが問われているのです。

これまで♪あんだんて♪では多くの不登校の子どもたちが、心身共に疲れて動けなくなった状態から次第に元気を回復し、自ら次のステップへと動き出して行った過程を見てきましたが、回復の道筋はかなり共通していることがわかってきました。次ページの回復段階表は、その過程を図式化したものですが、これも一直線に上がっていくのではなく、行きつ戻りつしながら気がついたらここまで回復していた、というくらい長い期間を経ています。一つずつの現象でとらえないで、子どものエネルギーがどこまで回復しているか、心の傷がどこまで癒されて元気になっているかというだいたいの目安に回復段階表を活用していただきたいと思います。

子どもの成長の「見通し」が持てると、動けない子どもを前にしても、「〝今は〟まだしんどい時期なんだね」と余裕をもって見守ることができます。

ここからは、回復段階表に沿って、子どもたちの成長過程でのいろいろなエピソードも交えながら述べたいと思います。

親の状態

安定期（充電期）

学校、教師とのかかわり
不登校の現実を受け入れる
不安を脇に置いた見守り
学校以外の話題は普通に会話
世間の目が気になる
心の揺れ「こんなに元気なのになぜ？」

葛藤期

教師の家庭訪問への対応
行ってほしいオーラ
夫婦間のギャップ
親子関係の混乱

急性期／行きしぶり

朝の学校との連絡方法に悩む
不安、焦り（不登校になったらどうしよう）

安定期（充電期）

葛藤期

急性期
行きしぶり

葛藤期

力尽きて完全な不登校
昼夜逆転
ネット・テレビゲーム
生活習慣を崩す

急性期／行きしぶり

身体症状
朝起きられない
不安

親子の回復段階表

始動期（第２葛藤期）

休むことを恐れない
動いたことをほめる
（週１日から）

活動期

活動期

好きなこと、やりたいことを通して人とつながる
学校復帰
進学
仕事

始動期（第２葛藤期）

始動期（第２葛藤期）

外部の「人」とつながる
（フリースペース、フリースクール、居場所、お稽古ごと、キャンプ、個人塾、別室、保健室、教室など、バイト、ネットで知り合った人と会う）

安定期（充電期）

第三者の関わり
「ひまや～」「たいくつや～」
家事手伝い
好きなこと、やりたいことでエネルギーを回復
安定した昼夜逆転
安定したネット・ゲームなど

子の状態

①急性期（行きしぶりの時期）

急性期は、いろいろな症状があらわれます。

・朝、なかなか起きられなくなる
・起こしても布団から出られない
・やっと起きても這うようにして出てくる
・頭痛がしたり、お腹が痛くなる
・朝になると熱が出る
・吐き気がする
・ご飯が食べられない
・トイレにこもって出てこない

「行ってきます」と言うけれど玄関で固まってしまって動けない。玄関でうずくまって泣いている子どもをまたいで、他のきょうだいが学校へ行くというような光景もあります。

中学時代に不登校を経験した学生に聞くと、行けなくなっているときの状態は、「エンジンを何度もふかしてもクラッチがつながらない感じ」と言っています。学校へ行かなくては、と思えば思うほど体が動かなくなるのです。

「それまではいじめや嫌だと思うことがあってもずっと行っていたのに、ある日『ああ、もう自分は行けないな』というのが自分でわかった。プツンと何かが切れたような感じ。その日の日付も鮮明に覚えている」と言っていた不登校経験者もいました。そして、登校時間が過ぎてしばらくすると何ともなくなる。そこで、「2時間目から行こうか？」などと誘ってみると「行く」と言いますが、家を出る時間が近づくとまた、だんだんしんどくなってきます。葛藤の末、「今日は休んで、明日は行こうね」と親も本人も登校を諦めると、ほっとして症状が消えていき、テレビを見たりゲームができるようになります。

夜になると「明日は行くよ」と言って学校へ行く準備をします。でも、朝になると起きられない。無理して何とか行ける日もあれば、身体症状がひどくて行けない日もある。という繰り返しで、だんだん子どもは夜眠れなくなります。するとよけいに朝起きられない、というふうに行けない日が増えていきます。これは、典型的なパターンの例、少しずつ違いはあります。

急性期（行きしぶりの時期）は子どもの内面に大きな葛藤があり、親子の間もせめぎ合いの連続で、親子とも落ち込み、家庭のなかがいつも緊張している状態です。

こんなふうに親子関係が通常ではなく、精神的に不安定になってわらをもすがる気持ちで相談に行くことが多いですね。♪あんだんて♪で行った相談機関を利用した親へのアンケート結果によると、親のしんどさをしっかり受け止めてくれて、親の考えや気持ちを引き出してくれる。または子どもとの関わりに悩んでいるときに、日常のやりとりからアドバイスをくれたり、子どもの心理がわかるように説明してくれたりするカウンセラーや相談者が良かったと言われています。

でも、相談に行って「一人っ子のマイナス面が出てしまいましたね」「夫婦や家族の問題が子どもに出たのです」など、それまでの子育てを否定されてお母さんがしんどくなってしまったり、初めから学校復帰を目指して子どもの状態に合わない無理な指導をしたりした結果、親子の葛藤を深めてしまい子どもが二重に傷ついてしまう例もあります。そんなときは無理に継続する必要はありません。お母さんが相談に行って気持ちが楽になる相談先や子どもも親も元気を取り戻せるような支援者に出会ってください。

お父さんには〝元気な子ども〟しか見えない

子どもが学校へ行けなくなったときの状態は、「みんなが行っているのだから行かなければ」「親や先生の期待にこたえる『いい子』でいなければ」という「思い」と、過剰なストレスを溜めていて「もう行きたくない」と悲鳴を上げている「生き物としての心と体」とが長い間葛藤してひずみを生じ、それが限界をこえてしまった、という状態になっています。

私たちの経験では、子どもが急性期に行きしぶり出してからあれこれ手をつくして学校へ行かせようとするのですが、やればやるほど子どもはどんどん具合が悪くなっていきました。今なら、無理をさせると後の回復に良くないとわかるのですが、当時は親も訳がわからず一生懸命ですから、子どものしんどさを受け入れられるようになるまでには時間がかかったのです。それは「生みの苦しみ」とも言えます。子ども自身も、自分がなぜ行けないくらいしんどくなるのかわからなくて辛いのです。

しかし、そのように学校へ行こうとしても行けなくて苦しんでいる子どもを目の当たりにしているのは、ほとんどお母さんだけで、お父さんは出勤して見ていないことが多いのです。第1章の『子どもの不登校状態がお父さんに伝わらない辛さ』の部分でも触れましたが、帰宅するころには子どもは元気になっていて、テレビを見たりご飯を食べたりしています。お父さんが家にいる土日は学校が休みですから、子どもは比較的元気にしています。だから、お父さんが「お前が甘いから学校に行けないんだ。もっと厳しくしろ」と言っていらだつのもわかるのです。

お父さんが単身赴任していて、日常的に子どもとの接触が少ない場合は、ますます理解しにくいでしょう。自分の目の届かないところで家族の問題が起きている不安、焦り、また自分も職場でストレスを抱えている場合もあります。

このような夫婦の葛藤は、夫に子どもの苦しさをわかってもらうまで続きます。まして、祖父母にとっては理解しがたく受け入れられない人が多いだろうと思います。

同じことが学校の先生にも言えます。学校へ行ける日は、子どもの調子のよいときです。そして、学校では「みんなと同じようにふるまう」ことに、神経をすり減らしています。家に帰ると疲れきっていたり、あるいはイライラして親やきょうだいに八つ当たりしている子どもが多いのです。

登校する時間に苦しんでいる子どもを先生は見ることができないので、「学校では、普通にみんなと過ごしているのだから、家で甘やかすから来られないのだ」と思っても不思議ではありません。ですが、「頑張って来させてください」という先生としんどい子どもとの間に挟まれてお母さんが辛い思いをしています。

お母さんは自分の苦しさだけでなく、子どもへの関わりや学校との関わり、夫や祖父母、周囲への対応で何重にもストレスがかかって疲れ果ててしまうことがあります。

担任との連絡方法を事前に確保

この急性期（行きしぶりの時期）に、先生に朝の連絡方法を決めておいていただくと少し楽になります。

「今日行けるか行けないか」は、登校時間の間際になるまで子ども本人にもわからないのです。ぎりぎりまで待って「今日は行けない」となって学校へ連絡するので、先生がもう職員室を出ていたり、2時間目以降はいつ連絡したらいいのかわからなかったりします。「3時間目から行きます」と連絡したけれど、出る時間が迫ると子どもの具合が悪くなることもよくあります。

始業前だったら何時何分から何分の間に欠席の電話をする。担任につながらないときは、○○先生に伝えておく。授業が始まってから連絡を取りたいときはＦＡＸ、メール……など、先生の都合のよい、しかし確実につながる連絡方法を教えてもらっておくと気持ちの負担が軽くなります。だんだん休む日が多くなるようであれば、学校と話し合い、行くときだけ連絡するようにするのも選択肢の一つです。

母子登校について

低学年の行きしぶりのときに母子登校や教室での見守りをする場合があります。子どもが、「お母さんに付き添ってほしい」と望んでいるなら付き添ってあげたらいいと思います。

でも、赤ちゃんがいたり、介護をしていたり、それぞれの家庭の事情もありますから、お母さんが母子登校をしていてしんどくなってしまうようでしたら、止めてしばらく様子を見たほうがいいと思います。

小学生になると、幼稚園のように送迎しなくてもいいので、お母さんにやっと自由時間ができたかなと思うころです。少し子離れできてほっとした途端、学校に行けなくなって家にいる子どもと一日中向き合うのは、親にとっても二重にしんどいですね。

行きしぶっている子どもを着替えさせ、行く準備をさせて学校に連れていくのは、大変エネルギーがいります。電柱ごとに立ち止まる子どもをなだめすかしながら、何とか連れて行き、学校にたどり着いたときには、通常なら5分で行けるところを1時間もかかっていたというお母さんもいます。学校に行けたとしても、親子共にぐったり疲れています。「門から一歩でも入れば出席にしてあげる」と学校から言われ、頑張って子どもを連れて行く親も必死でしょうが、無理に連れて行くことが本当に子どものためになっているのでしょうか？ 子どもに、「本当はどうしたいの？ どこが一番安心できる場所なの？」と聞いてみてあげれば、長い目で見るとずっとよい結果につながるのです。

高学年になると身体的に連れて行けなくなるということもありますが、親に連れて行かれる自分の姿を人目にさらすことが恥ずかしく、まして学校のクラスメートにそんなところを見られたくありません。それは二重に自己否定を深めてしまうのではないかと思います。今はあまり耳にすることはありませんが、かつては車に無理に乗せて、嫌がる子どもを引きずるように学校に連れて行く親もいました。その結果、深刻な二次的症状が生じ、長く苦しんでいる例を耳にすると胸が痛みます。

「学校へ来られないのは、家での居心地がよほどよいのでしょう」と言われることもあります。♪あんだんて♪に電話相談をして来られた例ですが、あるお母さんは、小学校3年の子どもに付き添って毎日母子登校を続けていましたが、ある日、とうとう路上で子どもが動けなくなり、立ちすくんでしまったそうです。今日は、登校は無理だなと思ったので「家に帰ろうか?」と言うと、子どもは「ぼく家に帰れない。学校にも行けない。ぼくはどこに行ったらいいいんだろう?」と途方にくれて泣いていたそうです。聞いているこちらも胸が詰まって話せなくなってしまいました。子どもは、「学校へ行かなければ」という思いと、行けなくて固まってしまう体との間で心身が引きさかれているのです。こういうとき心身の回復のためには、家でゆっくり休める環境があれば一番よいのです。

保健室・別室登校の活かし方

低中学年の場合

本当は家でゆっくり心身を休めたほうがよいのですが、家族構成や自宅が仕事場になっているなど、家で子どもが落ち着いて安心して居られない場合、保健室や安心できる人と一緒に居られる別室で過ごすことができれば、学校へ行ける子どももいます。子どもだけでなく、不登校に理解のある養護教諭に相談できるとお母さんが支えられます。教室に入ると緊張したり不安定になるようでしたら、保健室で落ち着いているほうが精神的な安定のために望ましいのです。

ただ、そのときの学校の状況で、保健室を利用する子どもが多いと不登校の子どもが居られる場所がないときもあります。別室、図書室などに一人でいる例も聞きますが、人気のない場所で教室に入れない自分を意識し続けていると、自己否定していくのではないでしょうか？　学校内、学校外を問わず、子どもが安心して落ち着いていられる場所、安心できる人との接触がある場所があればいいのです。どこが安心して落ち着く場所か、子どもに聞いてあげてください。

思春期の場合

急性期（行きしぶりの時期）の保健室や別室登校は、本人が希望するときはよいのですが、小学校高学年や中学生など思春期になると、「みんなと同じようにできなくなった自分」が許せなかったり、自己否定の気持ちを深めてしまうので、だんだん行けなくなることもよくあります。

学校の教室、または保健室、別室であれ、本人がそこへ「行きたい」と言っていたら、行きやすいような工夫や配慮をしてその思いを応援していけばよいと思います。ただし、そのときに行けなくても周囲が慌てず、「今は無理することないよ」と受け流してあげてください。結局、家がいちばん安定して居られる居場所になっていくなら、それを保障してあげてください。しんどいときに、その一日を登校できたかどうかは、子どもの成長過程にとって重要な問題ではありません。それより、無理を重ねて「やっぱりだめだった」と自己否定の気持ちが強化されるほうが心配です。

② 葛藤期（不登校になる時期）

何度か行ったり行かなかったりを繰り返し、このまま行き続けると子どもの心身が壊れるのではないかと心配になるころ、とうとう子どもも親も登校を諦めるようになる葛藤期（不登校になる時期）が来ます。子どもは長い間ストレスが溜まって症状になって出ていますから、本当はストレスを感じる場所である学校から離れて心を休めたほうがよいのです。

けれども、みんなが学校に行っているのに行けないという後ろめたさがあり、また親や先生の期待に応えたいけれど行けないというジレンマと自責の念も強いですから、学校を休んでいても心が休めていないのです。そのような自己否定の感情がストレスになって家で暴れたり、家族に八つ当たりしたりしていることもあります。休んでいても葛藤が強い時期が当分続きます。

この葛藤期には親も周囲からいろいろ言われたり、焦りと不安で揺れています。夫婦のあいだで子どもに対する目線が違うのもこの時期です。思春期の子どもは父親を避けることが多いです。まれに、父親のほうが理解を示すこともあり、その場合は父親と話をしています。

不登校の3大特徴「昼夜逆転」「ゲーム」「生活習慣の乱れ」

この葛藤期から不登校の3大特徴が出てきます。「昼夜逆転、ゲーム、生活習慣の乱れ」ですが、これは主に思春期以後の子どもたちに生じています。

夜は悩んで眠れなかったり、朝はみんなが学校や会社に出かける準備をしている時間に起きているのは、行けない自分を自覚させられて辛いので、多くの子どもが昼夜逆転になります。親が昼夜逆転になるのを心配して朝起こしている間は、しんどい状態が続いている子どもが多いですが、本人が、朝は起きていたいと思って自発的に起きている場合はしんどくなりません。

進路決定の時期や、入試が近い、あるいは留年が決まるかどうか、というころに子どもが不安と焦りで「朝起こして」と親に頼むこともあります。親が起こしても起きられずに、親を責める場合もあります。心身の回復が伴わないのに、「みんなと同じようにしたい」という葛藤があるのです。その苦しみを理解しつつ親として受けとめ、一方で必要な情報を集めるなどできることをしてあげてください。その情報をどう活かすかは子どもに任せなければならないですが。

不登校だった経験者に聞くと、「行けなくなると人目が怖かった。外に出ると誰に会うかわからないので外に出たくない。家にいると暇で仕方がない。でも学校を連想する勉強は手に付かない、何もしないでいると悩んでしまうので、一人でできるゲームやテレビを見て過ごしていた。ゲームをしていないときは、いつも学校のことが頭を離れず悩んでいるので、かえってゲームをしているほうが安心だと思う」と言っています。

この葛藤期は、生活するエネルギー自体が枯渇している状態ですので、生活習慣が崩れてくることが多いのです。

「外に出なくなると着替えたり、歯磨きしたりする必要がないのでしなくなる」と経験者は言っていましたが、エネルギーが回復するまで、部屋の片づけや掃除も手につかないことが多いです。ごくまれに、強迫的に部屋を掃除する子どもがいて、誰もなかに入れないこともあります。

昼夜逆転や生活の乱れを心配する親御さんは多いのですが、元気が回復してくると昼夜逆転が治るというより、生活が変わってきます。始動期から活動期に向けて、自分が行きたいところに行ったり、会いたい人に会ったりする機会があると、その時間に間に合うように起きられるようになります。強制や義務感ではなく、そうしたいからという自発的な気持ちがあることが大事です。

葛藤期には、年齢に関係なく不安が高じていらいらして家であばれたり、弟や妹にあたったり、逆に構い過ぎたり、親を責めたり、反対に親にべたべたと甘えたりするようになる子どももいます。お母さんが精神的にまいって疲れてしまいますが、親の会やカウンセリングなどで辛い思いを聞いてもらって、子どもの苦しさを受け止めて関わっていくと次第に子どもは安定していきます。

家庭訪問は先生にも余裕を持ってもらう工夫

学校を休み始めて間もないころ、先生の家庭訪問があると会える子もいますが、会えない子もいます。親としては、先生に家庭訪問していただくと安心ですが、子どもは会うのもしんどい状態の場合もあります。

「今日先生が家庭訪問に来られるけど、会う？会わない？」と聞いて、子どもがしんどさを訴えるようであれば、親だけで応対して子どもの状態を先生に伝えるとよいと思います。先生から子どもを思いやる言葉があれば、それを子どもに伝えると子どももほっとします。

先生と会える場合でも、子どもは先生の前では落ち着いて応対していても、帰った後、「何で先生が家に来るんだ！」と怒って暴れたり、逆に落ち込んで自分の部屋にこもって出てこなくなったりすることもあります。子どもが不安定になるようであれば、先生に伝えてしばらく家庭訪問を見合わせてもらうほうがいいと思います。

先生が来られる前に、「学校の話をすると不安定になるので、先生が気にかけてくださっていることだけ伝えていただくとありがたいです」というふうに、学校の話題を避けてもらうようにお願いできるとよいですね。家庭訪問に何回か来てもらえるようであれば、好きなテレビ番組、アイドル、ゲーム、料理その他、子どもが興味や関心のあることを先生に伝えておくと、先生も話題にのせて話がしやすいですし、子どもも先生に親近感が湧くと思います。

「時間がないけど行かなければならない」と、先生の気持ちに負担がかかり過ぎると子どもにも伝わります。多忙な時間をやりくりして来てくださる先生に感謝しつつ、「先生の余裕のあるときに短い時間でよいので関わってください」とお願いしておくと、先生も余裕を持って見守ってくださると思います。

親の余裕が子どもの自己肯定感をはぐくむ

学校へ行けなくなった子どもがいちばん辛いのは、「みんなと同じ」でなくなった自分を感じることです。「普通」になりたい、みんなと同じようにしたい、でもできない自分が辛い、と自分を否定し責めている苦しい時期がかなり続きます。だから、先生が良かれと思って、「みんな待ってるよ」「みんな頑張ってるよ」などと言われると、かえってものすごく辛いのです。けれども、学校へ行けない自分を親や家族から受け入れられたり、自分を受け入れてくれる先生に出会ったりして「こんな自分でもよいんだな」「人は人。自分は自分であってよいのだ」と思えるようになると、元気を回復していきます。

自己肯定感を育てるには、子どもの気持ちに寄り添って受け入れる関わりが必要です。親自身が、カウンセリングや親の会など安心して話せる場で自分を受け入れてもらい、寄り添ってもらっていると感じる経験をしていくと、子どもに対する気持ちや態度、言葉かけが変わっていきます。

勉強はエネルギーが充電できてから

不登校になると、親はもちろん子ども自身も、勉強についていけなくなる不安があり焦ってしまいます。でも、心が落ち着かないと勉強は手につきません。不安定なときに勉強のことを言われるといっそう不安が増してしんどくなります。特に進路を考える時期や周囲が受験勉強に頑張っていると、「勉強しなければ」と自分を追い込むのですが、できない自分に落ち込みを深めていき、「やっぱり自分はだめなやつ」と自己否定していく子どももいます。そういうマイナスのスパイラルに入ってしまうとなかなか出られなくなり、手洗いやこだわりが強くなるなどの二次的な精神症状が出てくることもあります。

親が言わなくても、親や親せきなどが高学歴であると暗黙のプレッシャーがかかり、本人の勉強へのこだわりが長く続きます。こだわりが続いている間は、回復が遅く、長期に引きこもってしまいがちです。「学歴だけが人生を決めるのではない、自分の生き方を見つけよう」と子ども自身が考えられるようになると、大きく外へ動き出します。アドバイスや教示されるのではなく、いろいろな生き方、考え方に出会い、悩み苦しんだ果てに自分自身で発想が転換することが大切です。その成長の過程を親は子どもと向き合い、苦しみを受けとめ、ときには一緒に悩みながら見守っていくのです。

③安定期

この時期になると、子どもはだんだん落ち着いてきて、家では安定しておだやかに好きなことをして過ごせるようになります。親もどん底のしんどい時期を見ているので、ちゃんとご飯を食べられるようになった、普通に会話ができるようになった、笑顔も出てくるようになったことがうれしいのです。相変わらず心配はあるのですが、ちょっと心配を脇へ置いて子どもを見守れるようになります。学校へ行っていないこと以外は、普通に家族と生活している。これが安定期に入っている状態です。

葛藤期には、チャンネルを変える気力もなく時間つぶしにテレビを見ていた子どもが、新聞のテレビ番組欄をみて、見たい番組を選んで見るようになったり、ゲームもコントローラーにしがみつくようにして一日中やっていたのが、自分の好きなゲームを選んだり、新しいゲームソフトを買うために出かけるようになります。毎月のおこづかいは、年齢なりにあげてください。

「学校へ行かないんだったらおこづかいはなし」という親もいますが、懲罰的な対応は、かえって子どもを引きこもらせてしまいます。友だちと会いたい、買い物をしたい、など気持ちが外へ動いてきたとしても、お金がないために諦めてしまいます。

親は、この時期に人から「子どもさんどうしてる？元気にしてる？」なんて聞かれると、返事に困ります。「元気です」って言うと、「何で学校に行かせないいんだろう？」と思われるのではないかと気になります。子どもが落ち込んでいるかというとそうでもなく、学校へ行かないこと以外は普通に家で暮らしているのです。親自身も、「こうしていていいのだろうか？」と不安や焦りが出てくるころでもあります。

この安定期の状態は、心の傷が癒えてきたけれど、まだ薄皮がかぶっている状態と思ってください。しっかり治っていないので、刺激を与えるとまた傷が開くのです。なので、親は親の会やカウンセラーなどに話を聴いてもらって、自分の焦りや不安を軽くして子どもを見守っていくことが必要です。

家族関係は外の世界につながっている

親子で学校以外のことは普通に会話できる段階になると、その子どもが楽にできるくらいの決まった家事分担をすることをおすすめしています。親子で話し合って、家事をしたらおこづかいをあげるというのもよいと思います。例えば、お風呂の浴槽を洗ってお湯を張るとか、お米を洗っておくとか、ちょっとしたことでよいので、自分の役割があると、子どもは必要とされている感じがするのです。やってくれたら、家族も「ありがとう」が自然に口から出ます。

「ああ、いいお湯だったわ、ありがとう」

「あなたが研いだご飯はおいしいなあ」

「洗濯物を取り入れてくれて、助かったわ」

そういう積み重ねが、自分は学校へ行っていないけれども、この家に居ていいんだ、自分は家族から認められているんだという安心感になります。子どもが、家族の役に立っているというお役立ち感を味わうのも大事なことです。これが子どものエネルギーを引き出すのです。

家族との良好な関係は、子どもの社会性の基盤になります。親子関係が互いに認め合い思いやれる関係になっていれば、それがモデルになっているので、将来社会に出て行っても心配ありません。家でひとりで過ごしているとこのまま引きこもってしまうのではないかと心配する親は多いですが、家族とよいコミュニケーションができていれば、家族を通じて外の世界とつながっています。子どもが家族のなかで孤立感を深めたり、否定されて自己肯定感を感じられなかったりする状態が（一時的にそうなることもありますが）、長く続くと長期に引きこもってしまうことが多いのです。

安定期が長くなってくると、家のなかで少し刺激がほしくなるときもあります。家族との関係がよくなっていたら、「家庭教師」という名目で、ちょっと年上の学生などに来てもらうのもよい刺激になります。勉強をするというより、家族以外の人と関わることが目的です。できれば、不登校に理解のある人、自身が経験している人、などがいいでしょう。親の会などで紹介してもらったり、家庭教師派遣会社でも、不登校の子どもに理解のある人を紹介してくれるところも増えています。

しかし、子どもがストレスやプレッシャーを感じるようであれば、止めておいたほうがよいでしょう。

お稽古事など、不登校になる以前から続けている趣味などあれば、学校の友だちと会わないような時間や外に出やすい休日などに出かけて、続けていることもあります。指導者に理解があれば、数少ない話相手になってくれて、子どもの支えになっていることも多いです。

　同じ年代の子どもたちが集まっている教室のなかでしんどくなって行けなくなったので、同世代と付き合うのが苦手という子どもがほとんどですが、なかには、友だちが遊びに来てくれる場合もあります。本当に好きで遊びたくて来てくれる友だちとは遊べますし、待っていることもあります。ただ、安定期といっても、いつも安定しているときばかりではありません。いろいろな悩みが出てきて不安定になっていることもあり、友だちに会えないときもあります。

　また、たまに親といっしょに買い物に出かけたとき、クラスの友だちに出会うこともあります。友だちが挨拶してくれても緊張して挨拶を返せないときもありますが、親が代わりに挨拶するなど、負担を軽くしてあげてください。

安定期の家庭訪問、先生にはこんなことをお願いしてみたら

　不登校したまま進級して、担任が変わることがあります。初めての家庭訪問の前に、子どもの興味のあることや得意なことを事前に先生に伝えておく

と、子どもと共通の話題ができ、子どもの緊張がやわらぐと思います。

先生と紙飛行機を作って飛ばしっこした。

一緒に家庭科の作品をミシンで作った。

バードウォッチングの好きな子どもに鳥の図鑑を持ってきて一緒に見てくださった。

音楽が好きな子どもと一緒にリコーダーを吹いてくださった。

など、小学校の場合、担任とのつながりが濃いので一緒に遊んでもらったという経験をしばしば聞きます。

つながりが深くなった先生から、「Aちゃんが学校へ来てくれたらうれしいけれど、でも来なくてもクラスの一員として大切に思っている」と、はっきり言ってくださったことがとてもうれしかったという話も聞きました。

なかには、初めのころは会っていたのに、会わなくなる子もいます。何度も来てもらっても学校へは行けないことがわかっているので、会うのが辛くなってしまうのです。「来てほしい」と言っていても、そのときの調子によっては会えないときもあります。お母さんだけ会って子どもの様子など伝えておくとよいです。母親と先生のやりとりを聞いている子どもや、先生が帰った後、お母さんの表情が明るいのを見て先生に対する安心感を持つ子どももいます。お母さんが会うたびにしんどくなるようでしたら、家庭訪問を控えていただくようお願いしてもいいと思います。

多忙なせいか、急に時間ができたときやついでがあって立ち寄られる先生もいますが、やはり事前の連絡がないと子どもも親も慌ててしまいますね。「留守にしていることもあるので……」と事前の連絡をお願いしてよいと思います。お母さんの仕事などで留守がちの場合、ポストに配布物を入れておいていただくなどお互いに決めておくのもいいでしょう。

先生からまったく連絡もなく、配布物ももらえない場合もありますが、ときどき親の方から連絡を取るなり学校へ出向くなりするか、学校へ行くのが辛い場合は、先生にあまり負担のないつながりを持てるようにお願いするといいですね。

不登校になると、家族以外の人との関わりが少なくなってしまいますから、先生は数少ない「大人のモデル」として、関わってもらえる人です。教師としてではなく、一人の大人として関わっていただくと、子どもの将来にもよい影響があります。

また、思春期の子どもが、自分の進路を心配して先生を必要とするときは、進路の情報提供など先生にお願いすることも出てきます。子どもの成長や発達の段階に合わせて先生に協力をお願いしてください。

家で安定して少し外に出る元気が回復してくると、学校復帰を期待されて徐々に行けるように指導されることもあります。でも、自分から自発的に学校へ行ってみようと思わないと、またしんどくなって落ち込んでしまいます。

適応指導教室に友だちができ、楽しく通所していた子どもが、「もう元気に行けるようになったのだから学校へ復帰してもいいのでは」と指導され、不安定になってしまうことがありました。やはり、子どもが自発的に学校へ行こうという気持ちが出るまでは、急がずに見守る必要があると思います。

支えられたという思いが将来の頑張る力になる

長期に学校へ行けなくても、家やほかの居場所でその子なりの成長をしていれば、何年か先には進学したり就職したりしている人がほとんどです。でも、家で過ごしている間に、担任が自分のことを心配して家庭訪問をしてくれたという経験は大事です。

「先生が本気で自分のことを心配してくれた、自分のことを理解しようとしてくれた」と感じるとその先生の姿が感謝の気持ちと共に子どもの心のなかに宿っています。その宿った姿が、子どもが元気になって次のステップへ動き出すときに後押しになるのです。

不登校を経験した若者たちの話を聞くと、「お世話になったけどそのときは応えられなかった。先生に申し訳なかったな」という思いがあり、親にも「(親に)心配かけたな、よく自分のことを見守っていてくれたなあ」という思いがあると言います。この思いがあるから自分自身が決めたことで「今ここで踏ん張らなければ」と思うときに、ものすごい頑張りを見せてくれることがわかります。

このようにして成長した若者たちを見ていると、新学期や新学年のたびに学校復帰を期待することは、子どもの成長過程からすると短期間に過ぎるのではないか、親はもっと長いスパンで子どもを見ていかないといけないのではないかと思います。

「見えない学力」を育てる

後からふりかえるとこの安定期に、子どもは好きなことややりたいことからいろいろな知識や情報を得ているのです。私たちは「見えない学力」と言っていますが、安定期をゆっくり過ごすことを保障されると、いろいろな雑多な知識が入って来たり、ゆっくり考えを深めたり、子どもは自分のなかにたくさん引き出しを持てるようになります。自分の好きなことややりたいことをゆっくり時間をかけてできます。

今は、インターネットやマスコミからいっぱい情報は入ってくるので、興味がある分野だったら親よりずっと物知りになっていたりするのです。ネットの投稿サイトで大人に交じって教育論を交わしたりしているうちに、論理的に考えることが好きという自分の性格を知り、大学で法律を学ぶために予備校に行くようになったり、テレビゲームから地理や歴史に興味を持つようになり、大学で学びたいと思うようになった青年もいます。好きな音楽から民俗学に興味を持ち大学で学んだり、ネットで自分の書いた絵を投稿したりしているうちに、外国から一緒に絵画集を作る呼びかけがあり、それをきっかけに専門学校に行った青年もいます。不登校していたあいだに、やっていたこと、考えたことがベースになって、進学や就職につながっている青年たちが周囲にはたくさんいます。

不登校の経験者たちに聞くと、「学校へ行ってなかったときが、一番よく考えた」「あんなに頭を使ったことはない」と言う人が多いのです。考えを突き詰めていった結果、自分を責めたり周囲に攻撃的になって、閉じられた世界へ行ってしまうか、逆にその経験が次の段階に生かせるようになるかは、やはり家族とよいコミュニケーションがあるかどうか、共感的な関係にあるかどうかなのです。それには家で親が子どもの話を受けとめて聴いてあげることが大切です。

安定期に、好きなことやりたいことからたくさんの知識を取り入れた子どもは、自分から必要を感じて学校の勉強を始めたときに、それまで雑多に溜めていたものが、体系的につながって「勉強がおもしろい」と言います。親は、学校の勉強が一番気になりますが、学校的な勉強をしだすのは、回復段階の最後と思ってください（ただし、学力の遅れが主な原因で不登校になっていて、子どもが勉強を教えてほしいと希望しているなら、それを補う手立てをしてあげてください）。

④始動期（第2葛藤期）

「ひま〜、退屈〜。何したらいい？」

このような言葉が出るとき、これがそろそろ動き出すサインです。親にとっては果てしなく続くかと思われるほど長い安定期を過ごし、エネルギーを充電して元気になると、子どもは自然に外に出たくなってきます。

始動期はリハビリの時期です。子どもが安心できる人間関係と居場所があれば、出て行きやすいのです。

学校以外の居場所

子どもが家にいて退屈しているようであれば、フリースクールやフリースペース、適応指導教室など、年齢や興味に応じた居場所を探してみることもいいでしょう。子どもが一歩を踏み出せないときは、親だけでも見に行って、主宰者や指導者に会って話をしてください。最終的には、そこにどんな人がいるのか、雰囲気は自分に合っているか、子ども自身が行ってみて「そこに行ってみようかな。そこなら行けそうだ」と判断し、決めると行けることが多いです。「親の会」に行くと、子どもの居場所の情報が入ってきます。実際にそこで過ごした人の情報が入るので、おすすめです。

しかし、その指導者、主宰者の考え方や、そこに集まっているメンバーによって子どもに合う合わないがあるので、少し行ってみたけれど行かなくなることもあります。「そこにも行けなかった」と親が落ち込むこともありますが、「そこは合わなかったんだ」、あるいは「まだ出る時期ではなかったのかもしれない」とあっさりと引いて、次の機会なり時期を待ったほうがいいのです。ただ、アンテナだけは立てておいてください。ときどきよい情報を子どもに伝えて様子を見てみる。子どもが興味をもったら一緒に見学に行ってみる。ということを繰り返していると、子どもの社会勉強になっています。そのうち、時期と興味、関心が上手く合って、楽しんで行けるようになるかもしれません（でも、行かなくて家で過ごす子どもも多いです）。

しかし、毎日決まった時間に決まった場所に行くというわけにはいきません。行けるときに行って「安心できる人」と触れ合うということをしていると、これ以上無理をするとエネルギーを使いすぎて落ち込みがくるからそろそろ休んだほうがいい、というふうにだんだん自分の心のペースがわかってきます。

「学校へ行ってみようかな」という時期

子どもが高校受験を意識したりすると、「学校へ行ってみようかな」と言う場合もあります。この動き始める時期は、先生と子どもと親の三者で相談しながらリハビリを進めていきます。

「学校がしんどいときは、親や先生の励ましが向かい風になってしんどかったけど、自分にエネルギーが貯まって、出て行きたくなったときは、励ましが追い風になる」と言う経験者がいました。

始動期の保健室登校と別室登校

リハビリの時期に保健室登校や別室登校を認められると登校しやすくなります。そこが子どもにとって「安心していられる場所」になっているかどうかが重要です。

別室がよいリハビリになる3つの目安
・そこで友だちができた
・子どもが安心できる大人の関わりがあった
・他の生徒と出会う心配がなかった

保健室登校について、かつて保健室登校をしていたという学生や親、教育相談員、養護教諭に聞いてみました。

◆保健室でゆっくり居られるから、教室に入れないという人もいるが、それは逆。保健室でエネルギーを貯めていき、回復段階が次へ進めるようになると、教室の受け入れ体制ができていれば入れるようになる。

◆学校のなかのどこであろうと、また学校外であろうと、子どもが安心できる誰かとつながっていることが大事。

◆保健室にお腹が痛いとかで、いつも数人いたときがある。でも、養護の先生は「しんどいのだったら居ていいよ」と言って置いてくれた。だから、学校へ行けた。

◆「仮病と違うの？」なんて言わないで、子どもの訴えに耳を傾けて、それは何でか？ を考えてくれる先生がよかった。

◆自分の訴えを、まずは否定せずに受けとめてもらえたら動けるのだと思う。年齢にかぎらず、誰でも自分のしんどさが何かをわかってもらえると安心できるし、安心すると動けるようになる。

◆マンモス校だとしんどい子どももいる。保健室で1時間でも休めるから学校へ行ける、ということもある。

別室や保健室登校も、葛藤期や安定期の初期では、またすぐにしんどくなってしまいます。回復段階に応じた対応が必要なのです。心のなかは目に見えないので、子どもが家から出ようとしていて行き先を求めていると思ったら、〝ちょっと押してみて、だめだったらすぐやめる〟という対応でよいと思います。

ドタキャンも前進への一歩

外に出るエネルギーが貯まってきたとはいえ、長期にわたって家のなかにいた子どもがそこから羽ばたいていくには、まだ自信が持てない状態です。「明日は学校へ行ってみようと思って準備もしていたけれど、当日の朝になるとしんどくなって行けなかった」など、ドタキャンはよくあるのです。親は、子どもが出られないと、また葛藤期のようにしんどくなるのではと不安になりますが、ずっと動けなかった子どもが「行こう」と思っただけでも大きな変化なのです。「行こう」と思うと、心のなかに葛藤が生じます。その心の作業を頑張ったことを認めてあげて、「『行こう』と思っただけでも、行ったことになるんだよ」、目的地に着く前にしんどくなってしまったら、「そこまで、よく頑張って来れたね」と褒めてあげてください。

ある若者が鳥の巣立ちに例えていました。

「向こうの木まで飛んで行こうと思って巣を飛び立つのだけど、そこへ到達する前に力がつきて巣へ戻ってくる。それを繰り返しているうちに、だんだん飛距離を伸ばしていって自信をつけていき、ある日本当に思うところまで旅立っていける」と言うのです。

「僕の両親は僕ができなかったことを非難しないで、僕がそこまでできたことを評価してくれた。だから、次の一歩が出せた」とも言っていました。この時期は「3歩進んで2歩下がる」くらいに思っていてちょうどいいくらいです。

以前よりも一歩でも前進していたら、それを認めて喜んであげてください。その小さな喜びの積み重ねで、子どもはだんだん飛距離を伸ばしていって自信をつけていき、ある日本当に思うところまで旅立っていけます。

教室に入れた経験者に聞いてみますと、仲のよい子が迎えに来てくれて一緒に登校した。教室に入っていったときに「おはよう」と普通に声をかけてくれた。というふうに教室に入りやすくなるような友だちの働きかけがあります。復帰に向けて、得意なものや好きな授業だけ出てみる、行きたい行事に行ってみる、先生にクラスの子どもたちに自然に受け入れてもらえるよう受け皿作りをお願いするなど、担任との綿密な打ち合わせをしておくことをおすすめします。

学校で子どもは、せいいっぱい「普通」に見えるように気を遣っています。元気そうに見えるので、「次の時間も」と誘われると断れなくて無理してしまいます。帰宅してからぐったり疲れていることもあるので、先生に帰宅してからの様子を伝えて、子どもが行くと言った時間だけにしていただくよう伝えてください。

⑤活動期

安定期に十分に家で休めてエネルギーを充電できた子どもは、始動期が短くまたスムーズに活動期に入っていきます。しかし、始動期から活動期は、はっきり区別できるものではありません。例えば、高校からは毎日行けるようになった場合、外から見れば「不登校から脱した」というふうに見えますが、本人の内面では毎日葛藤しながら頑張って行っていることもよくあります。ストレスがかかり過ぎて行けなくなるか、学校で気の合う友だちができて行きやすくなるか、環境要因も大きいので、本人の努力だけではどうにもならないこともあります。

学校には行けないけれど、フリースクールや居場所で、元気に活動している。好きな習い事を頑張っている。キャンプが好きでリーダーをしている。行き先に気の合う友だちや安心できる先輩や指導者がいるなどその子なりに元気にやりたいことができていれば、活動期に入っていると言えます。

必要に応じて始めた勉強は吸収力がある

元気を回復し、子どもが自分なりの意味を見つけて、今の自分の学力に合った塾に行ったり、進学すると学力を取り戻していきます。子どもが学校へ行かないと勉強が遅れるのを、親も先生も心配して、何とか行かせなければと思ってしまいますが、何年もブランクがあっても子どもは自分が必要と思う程度に学力を取り戻しています。

それまでまったく学校的な勉強をしなかった子どもは、からからに乾いた土壌に水が吸い込むように知識を吸収していくのです。自分から必要を感じて学び始めたとき、自分でもおもしろいほど勉強したことが頭に入ったと言っている学生がいました。

何年も前から教育格差の問題はありますが、家庭の事情で自分に合った塾に行けない、落ち着いて家で勉強できない、などで学力が付きにくい子どももいます。地域のボランティア活動のなかには、そういう子どもたちのための学習支援をしているところもあるので、インターネットなどで調べて利用してください。

不登校の先にやりたいことが見つかる

活動期の若者たちに聞くと、「人にはお勧めできないけど、不登校の経験は自分にとって必要だった」と言います。

「あの経験があったから、人の優しさがよくわかるようになった」

「あの時間があったから、思いっきり音楽とか絵とか好きなことに打ち込めて今の自分がある」

「やりたいことがいっぱいできたので、趣味が多く、いろいろな人と楽しめる」

「しんどいときに支えてくれた先生のように自分もしんどい子に関わりたいから先生になりたいと思った」

ほかにも、カウンセラー、養護の先生、学習支援室の指導者など、しんどいときに支えてもらったという実感があるとその職業を目指す子どもたちがいます。

不登校を経験した学生や若者に聞くと、結果的に自分のやりたいことを見つけている人が多いのです。我が子が学校へ行けなくて苦しんでいるのを見てきた親は、やりたいことをして子どもがいきいきと活動しているのを見ると、それが何であれうれしいので、なにか心配があっても容認することが多いのです。彼らは大学の志望校を決めるときでも、偏差値ではなく、自分の好きなことややりたいこと、自分なりに意味を感じられる大学や学部に決めることが多いです。だから、勉強が面白いと言います。それがたとえ職業につながらなくても、それがあるからしんどい仕事もしんぼうできる、精神的に行き詰まってきても、好きなことで人に認められていたらそれほど落ち込まなくてもすむ、ということがあります。

column

不登校になると社会性が育たない？

「学校へ行ってないと社会性が育たない」という人がいますが、はたしてそうでしょうか？

不登校になると社会性が育たないというのは、たぶん同年代との付き合いができないことを言うのでしょう。同じ年齢の子ども達が集まる教室に居てしんどくなり、そこから避難しているのですから、同年齢との付き合いがいちばんしんどいのです。

でも、同年齢は苦手ですが、異年齢の人となら安心してつきあえることが多いです。学校以外の場所で、少し年上の学生や大人の人たちとつながって、その人としゃべりに行くというのでいいと思います。安心できる関係から人と関わり始めて、やがて同年齢も異年齢も関係なく付き合えるようになります。

学校より社会のルールのほうが優しい

「学校も行けなくてどうするんだ？ 社会に出たらもっと厳しいのに」という大人もいます。特に厳しい社会で働いている父親に多いですが、「社会に出てみたら、社会は学校よりもっと優しかった」という経験者に何人も会ってきました。社会には一応常識が通用するけれど、学校は場合によっては、そこだけに通用するルールができていることがあります。特にクラスにいじめが起きているときなど、特別なルールがあって、毎日同じ子どもがいじめられている。あるいは、日によって違う誰かがいじめのターゲットになっていて、みんな腹の探り合いで非常に緊張した状態になっていることもあります。

　中学のとき不登校になり、高校へ行かずにバイトをしていた子どもが、「社会に出てみたら、結構よい人がいる。学校へ行ってたときは、みんなとげとげして怖かったけど、一般社会には優しい人がいるよ」と言っています。

　高校生くらいの年齢になると、学校は行けないけれどバイトだったらできるという人がいます。集団に馴染みにくい子どもとか、場面緘黙《かんもく》でずっと学校に馴染めなかった人が、自分でバイト先を見つけてきて、仕事を続けているという話も聞きます。真面目な子どもが多いですから、仕事先で頼りにされたり認められたりして自信がつくと、学校に行く意味を見つけて行けるようになることも多いのです。

　どうしても学校という環境が合わない子どももいますが、卒業に向けてさまざまなサポートをしてくれる高校もあるので、自分なりのやり方で単位を取って卒業資格を得ています。その他、中学卒業資格で入学できる専門学校もあるので、高校へ行かずにそこで専門的な資格を取得して就職した人もいます。

聴いてもらった実感が自己表現力に

外に出て行く前に、周囲の人にたくさん話をして元気になっていった若者は、自己表現ができます。人の話を聴く態度も身についています。話をする相手は主に母親ですが、母親自身に余裕がないと子どもの話を受けとめられませんから、教育相談、カウンセリングや親の会で自分の話を受けとめて聴いてもらう体験をしてください（話して楽になる相談相手を選んでください）。市民講座などで「コミュニケーション講座」や「傾聴のワーク」などあれば、参加してみるのもいいと思います。

普段過ごしている社会生活のなかで、自分の気持ちをオープンに伝えるということは難しいですが、互いに受けとめ合って話を聴いたり、思いを伝えられたりする場で交流すると、人のことも自分のことも深く理解できるようになります。その経験が、子どもと向き合うときにも知らず知らずに生きてくるのです。

学校へ行っている子どもも、ストレスが多くしんどくなっていることが多いと思います。

親や先生から、口を開けば「（部活を）頑張りなさい」「勉強しなさい」と言われ、話をろくに聴いてもらえないのであれば、子どもは心を閉ざしてしまいます。

不登校かどうかに関係なく、子どもが自分から話したくなるような関係づくりが大切だと思います。興味や関心のあることを話しているときの子どもは、活き活きしています。大人には興味のない話題でも、子どもから話してきたときは関心を示して、わからないときは質問もしながら聴いてあげてください。子どもから学ぶこともいっぱいあります。意外なところに成長を見つけて喜びを感じ、子どもと心が通じ合うと大人も元気をもらいます。そして、その経験を語り合ってください。夫婦で、友人や親同士で。

第3章　中学卒業後の進路を考える

不登校経験者へのアンケートをもとに

学校見学は子どもの回復段階に合わせて

長い間、家で過ごしていると、「ひま～、退屈～。何したらいい？」と、暇を持てあます言葉が出てきます。安定期に十分家で落ち着いて、エネルギーを充電し元気を回復した子どもは、始動期の葛藤が比較的少なく、スムーズに活動期に入っていきます。安定期から始動期に移行する段階で、進路決定の時期を迎えると、高校進学も余裕をもって考えることができます。

居場所に通ったり、交友関係や第三者との関わりがあり、対人不安があまりなくなっている場合は、夏休みに、子どもが高校の見学会や説明会に行けるようです。いくつかよさそうな学校に一緒に行って先生と会ったり、学校の様子を見たりしておくとよいでしょう。また、高校で何をしたいかという目標がある場合は、進学へのモチベーションも高くなる傾向がありますが、これは学校を休んでいた間に十分時間を使い、やりたいことをしていたので出てくるようです。

一方、積極的に見学へ行くにはまだしんどい回復段階では、親と一緒でも外に出る不安が残っており、見学も大勢が集まる全日制はしんどいようです。通信制高校やサポート校などは、随時個別の見学ができるので、調子のよいときに電話して対応してもらえるところが多いです。

夏休みごろに、まだしんどくて見学どころではないというような場合は、親だけ行って学校の様子を見たり、担当の先生の話を聞いたりして情報を集めておくことをお勧めします。このとき親の目線ではなく、実際に通っている場面を想像してみて「我が子だったらどう感じるか?」という子どもの目線で感じとってください。また、具体的にしんどくなったときの対応や不安な点を尋ねてみて、学校全体で取り組んでいるのか、あるいは担当の先生や一部の理解ある先生だけの対応なのか、といったところも判断の目安になると思います。

また、親の会やフリースクールなど、不登校の子どもの進路先をよく知っているところとつながっていると、実際に進学して行った経験者の情報が入ってくるので参考になります。

2学期の終わりごろ、中3の子どもたちは三者面談を経て、進路の最終決定の時期を迎えますが、学校に行っていない子どもは、この時期に今後の進路を決めることができないということがよくあります。学校には、親が見学に行った高校の様子や、最終的に子どもの決定を尊重するという親の考えを伝えて、決定時期を遅らせてもらったほうがいいでしょう。

年が明けると、それまで関心がないように見えていた子どもも自分の進路のことが気になり、「どんな学校があるの?」「見学に行きたい」と言い出すこともよくあります。前もって親がいくつか見学に行って学校の様子を見ておくと、子どもが聞いてきたときにタイミングよく「親が自分の目で見た情報」を提供することができ、本人の気持ちが動いて見学に行くこともあります。見学に行った学校で担当の先生が子どもに好印象を与えると、その場で入学を決めてしまう子どももいますが、なるべくいくつか見学に行って考えて選んだほうがいいと思います。

親の目から見て何も考えていないように見えても、子ども自身が一番自分の進路のことを不安に思い、考えています。卒業が近づくと、親は焦ってしまいますが、締め切り日ギリギリになって動き出す子どももたくさんいます。自分の目で見て高校を決めると自分の意思をしっかり持って、着実に次のステップに進んでいくことが多いです。親も子もしんどい時期ですが、親はさまざまな情報を集めながら、子どもの力を信じて見守ってあげてください。

学校選びは子ども自身の感覚を大切に

積極的に見学に行くほどに元気を回復した子どもは、「みんなが行く『普通の高校』に行きたい」という縛りがなくなり、通信制、単位制、定時制も含めた広い範囲から本当に自分に合う学校を探して、「ここなら行けそう」「ここに行ってみよう」と自分の考えや感覚で選んでいます。通信制・単位制高校と連携している技能連携校という学校もあり、専門科目や資格取得に魅力を感じて決めることがありますが、科目数が多く授業も多いですから、通学ペースが自分のペースに合うかどうかも考慮に入れたほうがいいでしょう。

なかには、小中学校を通して学校へ行かなかった子どもが、「みんなと同じ学校生活を送ってみたい」と言って、全日制普通科を選ぶこともあります。その場合でも、通信制・単位制なども含めていろいろな高校へ見学に行き、枠にとらわれずに自分の意思で判断して選択しています。

小学校から高校までほとんど行かず、高校を中退して専門学校で資格を取り、仕事をしている人や高校卒業後一度社会へ出て働いてから、社会人入学で大学に行く人もいます。

全日制高校では、同世代とばかり付き合うことになりますが、定時制や通信制・単位制、高認予備校などでは、いったん社会へ出て働いている人が高卒の資格を取るために勉強していたりするので、そういう人から豊富な人生経験を聞いて視野が広がることもあります。また、定年を過ぎた高齢の人が、席を並べて学んでいる姿から真摯な生き方を学ぶこともあります。

進路決定の時期、経験者の人たちは、どんなことを考えていたのでしょうか？

◆初対面の人と会うのはかなり緊張したと思う。まだしんどいときでも決められたのは、不登校時代、いわゆる「普通の学園生活」に憧れたからだと思う。（サポート校）

◆中2のときインターネットで検索して、自分の興味にあった高校を見つけた。ここならやりたいことができるのではと、学校見学に行ったり、学力テストを受けたり、塾に通ったりと受験準備を始めた。（公立全日制）

また、「志望校を決める際に親がしてくれたことで、よかったことは何ですか？」という問いには、親が本人の意志決定を尊重したことがうかがわれる答えが集まりました。

「自由にさせてくれた」

「自分を信頼してくれた」

「自分では入手できない情報を集めてくれた」

「焦らさず待ってくれた」

などが親への感謝とともに述べられていました。

　気にかかるのが、勉強についていけるかということと、学力は十分かということ。全日制を選んだ子どもは、本人の希望によっては中3の夏休みごろから必要な段階までさかのぼって指導してくれる塾や家庭教師などの助けを借りて、学習補充をしているようです。一方、通信制やサポート校を志望している子どもは、入学までほとんど学校的な勉強はしていないことが多いです。それでも、入学後の学習はできています。

◆基本的に、両親は進路のことについて「行きたいところを選びなさい」と言っていたので、自分で決めた方針を応援してくれた。学校についての情報収集や、学力補充のための塾通いも、そうしたサポートの一つであった。（全日制）

◆とにかく急かすようなことを言わず、自分の決断を待っていてくれたのがよかった。（通信制）

もちろん、よかったことばかりが集まったわけではありません。親はよかれと思っていたようなことでも、子どもにとっては「辛かった」ということも…。

◆父にときどき「学校行ったほうがいいよ」と言われるのが辛かった。行けるなら行っていると思ったが、思春期のせいか反論できなかった。

◆親に「好きなことしていいよ」と言われるのが嫌だった。将来に何の展望も持てないのに好きなことと言われても…。

右のお子さんの場合は、進路や将来についていろいろ悩んでいることを聞いてほしかったのでしょう。親子であまり深刻にならず、気楽に話し合う機会をたくさん持てるといいですね。

さて、高校へ進むことを決意し、いざ志望校を決めようという段階になりました。アンケートの結果を見ると、対人関係、学力、体力面などで、「高校からは行けるだろうか」という不安は共通しているようです。しかし、どの人も親から言われたからではなく自分で考えて進学を決めており、それは大切なことです。

そのなかで志望校の決め手となっているのは、学校から受ける印象、通学路や利用する交通機関、学力、仲のよい友だちがいるかどうかなどです。

志望校が決まった後も、できれば受験までに2、3度行ってみて、教室の雰囲気など見てみるとなおよいでしょう。長い間家に居ると、人の目が気になったり人混みに疲れてしまうことも多いので、電車の混み具合、通学の距離や時間、乗り換え、乗降する駅の混み具合なども実際に体験して判断するといいと思います。

また学力的に不安があっても、その学校の受け入れ体制を知ることで、進学へのハードルが低くなることもあります。

自分の意思で志望校を決めると、子ども自身が必要を感じて受験勉強を始めることもあります。学校に行くとなるとハードルが高いですが、指導者が自分の学力に合わせて教えてくれ、学校の友だちと会う心配がないと塾には行けるという子どももいます（会うことが楽しみな友だちの場合は、一緒に行けます）。これも回復段階に合っていないと、しんどくなります。

中間テスト、期末テストを受けようと思うときは、テストを受けるだけでも大きな一歩です。今の学力で十分です。背伸びをするとしんどくなってしまいますから。人の評価を気にして「このくらいの高校に行けなければ」と思ったり、「リベンジして頑張らなければ」、「みんなを見返したい」という気持ちで志望校を決めると、続かないことが多いのです。

中学卒業後、進学を選んだ子どもたちに、それぞれの志望動機を聞いてみました。

◆緊張する場所や環境に置かれるとすぐにお腹が痛くなるのだが、進学を決めた高校に見学に行ったときはそういうことが起こらなかったから。(通信制)

◆最後まで、全日制普通科でやっていけるのか不安で通信制と迷っていた。でも、最後の学生時代を普通に過ごすことで自分に自信をつけたいという気持ちが強く、普通科から通信制にはいつでも転校できるのだから、それなら今しか挑戦できない道に進んで様子をみようと考えた。(私立全日制)

◆学力に不安があり、そもそも高校に行けるのかどうかすら実感がなかったが、とある学校の校長先生に「九九ができれば大丈夫」と言われて、ほかの学校の見学に行くようになった。それをきっかけに、高校には全日制だけではなく、定時制や通信制、サポート校などさまざまな形のものがあるとわかり、自分に合った学校を探すことができた。(サポート校)

◆進学を決める前は、中途半端な学力の高校に行くくらいなら就職して手に職をつけたほうがよいと思い、就職を希望していた。しかし、ハローワークに行ったとき、所長さんが出てこられ「高校だけは行っておかないとダメ!」と言われた。それで進学を決意した(通信制)

高校入学後の不安や悩み

動き出すまでに回復していないけれど、高校進学の時期に入ってしまい、安定期を十分過ごせないうちに高校に入らないといけない子どもたちがいます。まだしっかりと心身を休めてなくてしんどい子どもに対して、「高校からはいじめっ子もいないし、誰も知らない高校だし、先生も不登校に理解のある学校なんだから、中学時代のことは忘れて、心を入れ替えて頑張って学校に行きなさい」と親が言ったりしています。逆に親がゆっくり見守る気持ちでいても、子ども本人が「高校からは、リベンジして生まれ変わって学校へ行こう」と、涙ぐましい決心をして入学していることもあります。周囲のみんなが高校へ行くなか、一人だけ進路が決まらないのが不安で、「とにかく行けるところに入っておこう」と入学した場合は、しばらくしてまたしんどくなることが多いのです。

子どもが朝起きられなくなると、親はこのまま中学のときみたいに行けなくなってしまったらどうしようと不安になって、一生懸命行かせようとするのですが、回復段階からすると、本当は家で心身をゆっくり休めてないといけない時期なのです。焦らないで本人のペースを大事にして、できることから始めてください。

学年制は、出席日数の問題があって、欠席数が規定の日数をオーバーすると留年になってしまうので、欠席によるプレッシャーが大きいですが、あらかじめ欠席日数の上限を知っておいて、教科ごとに年間の出席日数を数えながら休みをとり、3年間で卒業した例はしばしばあります。「今日も行けなかった」と落ち込むとしんどくなってしまいますが、自分の心身の調子を見ながら、主体的に休む日を決めて行くと、まったく登校できなくなるほどしんどくならないようです。

通信制高校は、週1日から登校できるところもあります。自分のペースを知り、無理をしないで徐々に慣らしていってください。単位制だと留年の心配はないので、学年制より余裕をもって行くことができます。「急がば回れ」で、早めに休みをとりながら少しずつ学校に慣れていけばいいのです。

学校は自分のために活用するところ

まだしんどい子どもの学校の行き方というのは、ずっと通い続けている子どものように、毎日決まった時間に決まった場所に行くというわけにいきません。

主人公は自分であり、学校は自分のために活用するところ、と思って学校をとらえると楽に過ごせます。単位を取るために必要な最低限の授業にだけ出たり、補講を利用するなどしてコントロールしながら行っている場合もあります。教室に入るのがしんどいのであれば、教室以外の場所で安心できる先生と話をしたり、保健室の先生のところにおしゃべりに行ったりなどしながら、少しずつ学校の環境に馴染んでいけるようにします。

しんどい時期は、家に居るときは心身をリラックスさせるようにし、やりたいことをして過ごし、行けるときは学校へ行って「人」と触れ合う、ということをしていると、だんだん自分の心のペースがわかってきます。無理をして頑張り過ぎるとしばらく動けなくなるので、「今は休んだほうがいい」とわかってきます。

保健室や別室で知り合った人と仲良くなることもあります。通信制でもサークル活動や音楽、美術など好きな授業で共通の趣味を持つ友だちができることもあります。気の合う友だちができると学校に行くモチベーションになり、登校しやすくなる人が多いです。

入学したけれど学校に行けない

入学式だけは出たけれど、それからまったく学校に行けない、ということもあります。

不登校の子どもを多く受け入れている学校であったり、担任が理解ある場合、親は「子どもが行けないんだったら、どうしようもない」と思わないで、担任の先生に子どもの様子を話してください。「昨日はこんなことをしました。最近こんなこと言ってました」「近ごろこれに興味があります」というように子どもの情報を伝えてください。親だけでも学校とつながっているほうがいいと思います。担任の先生と上手くいかない場合は、学年主任や管理職など視野を広げて相談してみてください。

母親に先生から支えられている感じがあると、子どもにも伝わります。学校に対するハードルが少しずつ低くなっていき、そのうち「学校に行ってみようかな」と言ったりします。やっと学校へ行けたとき、先生が自分のことをよく知ってくれていて、興味のある話題を出してくれたりするとうれしいですし、「学校って楽しいところだな」という印象を持つと思います。ただ、これも時間がかかると思います。

気持ちの通じ合う友だちや信頼できる先生との出会いは、高校生活を続けて行くうえで大きな要素になります。また、長い期間勉強から離れていたためなのか、学校の勉強が新鮮でおもしろかった、という意見も複数ありました。もしくは高校卒業後の目標をはっきりと持っていたり、高校生活への期待と決意が大きく、それが支えになったという人もいました。

◆高校入学まで、辞める、逃げる、そんな選択ばかりしてきたので、「もう挫折したくない、自分でもやれば継続できるんだ」という自信をつけたいという、かなり強い意志があったから。あとは友だち

や先生に恵まれたことと、勉強がおもしろかったことも要因の1つだと思う。（私立全日制）

◆先生が積極的に関わってくれて、孤独感をあまり感じなかったから続けられた。（サポート校）

◆勉強が楽しかった。同級生に不登校経験者やとても個性的な子が多かった。人と関わらなくてもある程度やっていけるという学校の雰囲気があった。（私立全日制・芸術系）

◆大学で学びたい分野があり、大学に行きたいという気持ちがあったから。（私立全日制）

「教室に入れない」「休みがち」でも大丈夫

中学時代のしんどさが残っていると、教室に入れない子どももいます。教室でしんどい思いやこわい思いをしてきた子どもは、中学と同じような環境に入るのが不安で仕方がありません。

全日制高校は、中学校とシステムや環境が似ているので、同世代が苦手な子どもは辛くなりがちです。学校に慣れるまでは、毎日登校時間に行けなくても、担任やその他の先生、部活の顧問、養護の先生、スクールカウンセラーなど誰でもいいですから、子どもが信頼感を持っていて話しやすそうな人、その人と話をするために学校へ行く、ということでいいと思います。そうして、ある程度馴染んできたら、本人が信頼できる先生や得意な科目の授業に出てみてしんどくなるかどうか試して、徐々に慣れていくといいと思います。教室に居てしんどくなったら、いつでも保健室や別室に行くことを認められると、安心して教室に入りやすくなります。

中学卒業まで教室に入るのがしんどかった場合は、中学校とはシステムや学校の環境が違い、また異年齢の人も通っている通信制・単位制高校、あるいは定時制高校などのほうが、ストレスが少ないので通いやすいことが多いです。

学年制は出席日数の問題があるので、子どものペースに合わせるといっても難しい面があり、欠席が重なると先生も対応に苦慮していらっしゃるようです。通信制・単位制高校だと、初めの1年間は休みながら行き、だんだん出席を増やしていくなどして徐々に慣れていくことができます。

頑張って通学していたけれど、だんだん息切れして欠席が増えてくると、学年制の高校には留年があるので、本人も親も苦しい毎日を送ることになります。また、高校3年生にもなると受験のプレッシャーが強まり、苦しくなってしまうという例もあります。

学校によって、補講やいろいろな対策をとってくれるところもあるので、欠席日数のカウントの仕方も含めて、親が詳しく学校で聴いておくといいですね。

「何が何でも、この学校でないと」と思わずに、子どもの状態を見て、子どもの辛さを思いやりながら、親はある程度冷静に経過を見守るつもりでいてください。

留年にならない程度に、欠席日数をカウントしつつ自分の体調と相談しながら休みを取ったり、保健室を利用するなど、さまざまな工夫をして卒業したという子どももたくさんいるのです。

◆単位修得に影響がない程度に授業を休んだり、早退したり、体調をコントロールするように意識していた。また、高校の保健室の先生とも仲良くなって、いざというときには先生方の力が借りられるようにもしていた。担任の先生や友だちに相談できる環境があったことも、ストレスを溜めすぎずに済んだかもしれない。（公立全日

制）

◆休み時間に絵を描くか、机に突っ伏して寝たフリをして人と関わらないようにした。もしくは、保健室にこもった。（私立全日制）

進路変更も考慮して情報を集める

1学期から行けなくなっているなら、夏休みに親だけでもいくつか通信制高校などに行って相談するといいと思います。通信制では秋入学もありますから、それまでに情報を集めて出席日数をカウントしておいて、今の状況をそのまま伝えて相談してください。

在籍校で休学をすすめられることもありますが、休学中は高校3年間の在籍期間と認められないので、高校3年間で卒業できなくなる可能性があります。これも通信制高校で相談して対策を考えたほうがいいでしょう。通信制・単位制高校は、比較的休みを取りやすく、自分のペースを保ちやすいという特長があります。しんどくなったら家で寝ていたり、ネットやゲームなど好きなことをしたりと、親や周囲の人には怠けていると見られがちですが、家でゆっくり休んだり、好きなことをしてエネルギーを充電していて、それができるからまた頑張って行けるのです（でも、家庭のなかで非難したり批判的な目で見る人がいると、エネルギーがなかなか回復できず、そのまま行けなくなってしまうこともあります）。自分で調整できないくらいしんどくなってしまったら、親や先生と相談して授業数を減らしたりといった対応もしてもらえます。経験者の声を紹介します。

◆担任の先生がお昼を一緒に食べてくれたり、行くと絶対に声をかけてくれた。（高認予備校）

◆気の合う友だちに引き合わせてもらえた（サポート校）

◆学校行事に無理やり参加させようという雰囲気がないところがよかった（通信制高校）

親は、行ける高校があるならどこでもいい、と思っても、子どもは高校の順位を気にして転校を嫌がることもあります。塾や学校で受験指導があり、子ども自身が高校の世間での評価が気になるようです。子どもの気持ちをよく聴いてあげて、全日制以外の高校に間違った思い込みがある場合は、実際の情報を伝えてあげてください。

たとえば、通信制高校に行くと大学に行けない、と思っている人もいまだにいます。就職に不利であるとか、やんちゃな生徒が多くてこわい、周囲の評価が気になる、などと心配する場合もあります。逆に通信制だと何もかも一人でやらなくてはならないから大変そう、など何となく持っているイメージで、ハードルが高くなっていることもあります。

実際に見学に行ってみて、先生の話を聴いたり、授業風景を見せてもらったりしてみると、不安なことが払拭されると思います。高校の中退が増えていく状況下で、通信制高校の新規開校も増えました。なかには、あとのサポートに疑問のある学校もあります。どんな学校なのか、親と本人の目でしっかり見て、できるだけ実際に行ってどうなのかという経験者の情報を集めるようにしてください。場合によっては、中学で失われた人への信頼を取り戻す大事なチャンスでもあるのです。

全日制高校に行ったけれどしんどくなり、通信制・単位制、高認予備校などでやり直した人たちからも回答をいただきました。苦しい思いを経験し、それを乗り越えて次のステップへ踏み出せたのは、本人の努力はもちろんですが、親や先生など周囲の温かいサポートがあったことがわかります。

全日制高校から通信制・単位制に転入した人と、高卒認定試験を選んで予備校に通っていた人に、それぞれの様子を聞きました。

◆全日制高校入学後、通信制・単位制高校に転入したケース

中3のときは保健室登校や別室登校をしつつ、教室にも入れるくらい元気になっていたので、高校の見学も積極的に参加していた。親は仕事で忙しいのに高校の説明会に一緒に参加してくれて、とても気持ちが楽になった。地元から進学する人が少ない高校だったので、新しい環境で学校に通えると思い進学を決めた。勉強も担任の先生の協力もあり、何とか自分なりに勉強ができていた。

全日制高校入学後しんどくなったときは、出席日数が関係するので、親に無理やり行かせるという姿勢が中学のときよりもあってしんどかった。でも、単位が危うくなってからは寛容になってくれて、学校が遠いのに保健室登校に付き添ってくれたり、単位制の高校を探してくれたり、留年するにしてもサポートしてくれると言ってくれたのが、精神的にも楽だった。

留年が決定してからは将来の不安が大きく、精神的にもかなり追い詰められて、家からほとんど出られない状態だったが、再び母の付き添いで保健室

登校を9月ごろから始め、保健室の先生や学年主任の先生がとても親切にしてくださったので、その後の相談をすることができ、自分なりに進路を考え始めた。

しかし、留年するか、転入するかという2つの選択肢のみで、どちらを選ぶのもこわくてなかなか選べず、3月の下旬までずっと悩んでいたが、留年をしてさらに負担が増えるなかで毎日通い続けるよりも、自分のペースで通える単位制の学校のほうが自分に合っているのではないかと考え、最後まで悩みながらも通信制・単位制高校への転入を決めた。

転入後は、週3回の登校だったので、自分のペースで通うことができた。出席も最低回数出席できればいいという制度だったので、欠席してしまっても気持ちが楽だった。また、親身になって相談に乗って下さる先生方の存在や、クラスという枠組みがなく、自由に過ごせたことも大きい。職員室が非常に開放的で先生との距離が近く、さまざまな相談に乗ってくれたことや、先生を介して友だちを作ることができたことがよかった。

でも、しんどいときは休んでいた。家でボーっとして過ごして、元気になったら学校に通い、自分なりのペースを大切にしてきた。無理をせずに行けるときだけ通うことを心がけて、学校だけにとらわれずに買い物に行ったり、単位制高校の友だちと遊んだり、しんどさを自分なりに和らげる方法を見つけられていたから続けられたと思う。

大学受験では、進学にも力をいれている学校で、内申点で公募推薦入試が受けられたり、進路指導の先生が熱心に相談に乗って下さった。進学に対する学校のサポートは十分だったが、全日制と比べると授業時間が少ないので学力面では少し不安が残った。

◆全日制高校を中退し、
高卒程度認定試験（旧大検）に切り替えたケース

「高卒程度認定試験」を選んだ理由は、副教科の勉強はしなくてよくて、マイペースで授業を受けるだけでよいという説明に安心できたから。そのとき、傷付いてボロボロだったクセに、好奇心旺盛な私にとって「高認」という制度がもの珍しくて魅力的だった。

学校見学は母と行けた。少し緊張したが外出を楽しむ感じで行ったのを覚えている。もし、親に「早く新しい学校決めなさい」とか「どうするつもりなの？」とか「決める」ことを焦らされていたら嫌だったかも……と、今になって思う。

決め手になったのは、やっぱり学校の雰囲気。ここのほかにあと2校見学させていただいたのだが、この学校が一番「勉強する環境」が整っているように感じた。

入学後、通学を続けられたのは、先生との距離がとても近く安心できたことや体調不良で休むと心配してメールをくれる友だちの存在があったから。

1週間、連続で休んだことがあった。でも、担任の先生は嫌な顔一つせず、復帰したときは笑顔で受け入れてくださった。また、「高認」のコースは、単位の修得は関係ないので、休みたいときには何も気にせず休むことができてよかった。

先生は、とにかくよく私の話を聞いてくださった。ときには先生の学生時代のことを話してくださって、「先生にも、こんなことがあったんだよ、わかるよ、でも大丈夫」と元気づけていただいたのを覚えている。高認の試験に合格したことで自分に少し自信が持てたことも大きかったと思う。大学受験のサポートも私が志望する大学に、直接連絡を取ってくださり、オープンキャンパスとは別に個別に大学を見学させていただいたり、お話を聴かせていただいたりと機会を準備してくださった。また、そのときの大学側の担当の方が親切で、進路を決める大きなポイントになった。

◆中学卒業後しばらくして、高卒認定試験（旧大検）予備校に通ったケース

高校は行きたくなかったが、母に連れられて百貨店の私立合同説明会に行ったり、全寮制の高校に見学に行ったりした。でも当然受験があって、全然勉強してなかったから中学3年間の勉強を数か月でできるとは思えなくて、受験勉強もやる気がでなかった。そうして気持ちのうえでは不安で鬱々と、外見上はダラダラと過ごしていたら、母がたぶんハッパをかける意味で、「どうするの、もうこのまま家にいるか？」と言ったので、「ああ、そういう選択もできるのか」と逆に肩が軽くなった気がした。なので、進学しないことに決めた。

このとき親には全日制高校以外の情報を探して欲しかったが、当時（1999年頃）は通信制高校も少なかったし、ネットもそれほど普及してなかったから、親はできる範囲でやってくれたと思う。進学をやめた大きな理由が学力の不安だったから、弟が通信制高校で受験もしないし、レポートもすごく簡単だったのを見たときに、これなら自分も行ったかもしれないと思った。

それと、学校や先生に対してすごく不信感があったから、そういう学校や先生ばっかりじゃないというのを見せて欲しかった。

その後は1年家にいた後、1年半くらい家業を手伝って、それから大検予備校に行った。大検を取ろうと思ったのは、一応社会に出てみて、世のなかの人というのは私の内面でなく、まず外見とか経歴を見るということを感じたことと、働くのが考えていたより大変ではなくて、将来働くことに対して少しハードルが下がり、働くためには学歴が必要と思ったからかな、と思う。

その大検予備校に決めたのは、見学に行ったときに応対してくれた校長先生が全然上から目線でも威圧的でもなくて、私のイメージのなかの「先生」とはずいぶん違っていて信頼できたからだと思う。

入学後は、高校じゃないから絶対行かないといけないということもなく、自由に過ごせたということと、友だちができたから行けたと思う。あまり規模が大きくないこともよかった。担任の先生が行くと必ず声をかけてくれたりお昼を一緒に食べてくれたり、お昼を食べるときに別の子も一緒に誘って、自然に友だちになれるようにしてくれた。その友だちとは今も付き合いがあるので、きっと先生が私と気が合いそうな子を誘ってくださったのだと思う。

しんどいときは行かなかった。ほんとは欠席するときは連絡しなくてはいけなかったけど、連絡しなくても何も言われなかったから、休みやすくなって気持ちが楽になった。

大検を取ったあと、同じ予備校に大学受験コースもあったので、また予備校を探して、知らないところに一から行かないといけないストレスを考えると、そのまま同じところに通えたので、行けば知っている先生がいて普通に話ができたのはよかった。

不登校経験を進路の糧にして

不登校をしている間に、好きなことややりたいことがたくさんできた子どもは、自分なりに進学の意味や目標を持つ人が多いです。

高卒後の進路についてのサポートは、全日制高校の場合は偏差値を競う受験の流れのなかで、程度の差はありますが一般的な高校の進路指導。一方通信制、サポート校、高認予備校などは、子どもの性格や志望に合わせた指導をすることで、進学への意欲を学校側が引き出すという感じがします。全日制と同様に推薦やＡＯ入試の相談もできます。

どちらにしても、志望校に受かる学力や詳細な受験情報が欲しいのであれば、受験のための塾や予備校に行く必要があることに変わりはないようです。

やはり、子ども自身が進学してから何をしたいのか、どんな学生生活を過ごしたいのか、はっきりしていることが大事になってきます。

◆自分の場合既に志望校は決まっていて、入試の方法を教えてくれたり、一緒に見学に来てくれたりと先生方は親切だったと思う。（サポート校）

◆専門課程だったので、1年生の頃から熱心に進学について聞かされていたので、かなり助かった。ただしその専門以外のコースや就職を目指そうとする人には辛い部分があると思う。（公立全日制・芸術系）

◆特にサポートはなかった（公立全日制、私立全日制など複数）

◆進路を決めるなかで相談に乗ってもらったり、小論文の添削をしてもらった（サポート校）

最後に、アンケートに協力してくださった方々が辿った進路を、少し具体的に紹介したいと思います。現在は社会人になったり、大学で学んでいる子と、さまざまです。

全日制普通科高校から大学に進学、大学院中退を経験し現在は社会人として頑張っているAくん。小学5年から不登校が続いていましたが、中学1年からフリースペースと中学校とを併用して登校し、中学2年からはフリースペースを卒業して学校だけに通うようになりました。中学校では我慢しすぎず、遅刻、早退や保健室を利用しながら登校していたそうです。幸い、中学3年からは担任や友人に恵まれ、登校しやすくなりました。

やはり全日制の普通科高校を卒業したBさん。今は大学4年生です。小学3年より不登校でしたが、小学4年より親たちと大学が連携して子どもの居場所を作ったため、そこにならば通えるようになりました。中学から復学し、途中から別室に通いながら無事に卒業し、進学しました。

小学校低学年から不登校だったC君。中学1年より公的機関のフリースペースへ通い、中学3年の夏ごろから塾へ通って学力をつけました。私立全日制の普通科高校を卒業し、今は大学4年生です。

公立全日制高校に進学し、芸術系のコースで学んだDさん。不登校になったのは、小学4年の秋からでした。別室登校していましたが、友人は別室によく顔を出してくれて、人間関係はよかったようです。それでも人付き合いが苦手だったため、「勉強は家でもできる」と思い、読書や手芸など自分の好きなことをして過ごしていました。この春、大学を卒業し、現在は社会に出て働いています。

私立全日制高校の、芸術系コースで勉強したEさんも、大学を卒業して今は社会人として頑張っています。小学6年から不登校になり、地元の公立中学に進学しましたがまもなく行けなくなってしまいました。ほとんど家で過ごしていたそうですが、中学3年から学校で試験だけ受けられるようになったそうです。夏休み前に美術系の高校を志望したので、夏休み中は、画塾に通っていました。

通信制高校に在学中、2年生のF君。

中学3年の夏から不登校でした。秋ごろから引きこもり支援施設に不定期に参加できるようになったのですが、きっかけは家族旅行に行けたことだったそう。学校に通いつつ、インターネットで知り合ったデザイン会社に毎日通っています。

サポート校を卒業し、大学を経て現在は社会人のG君。

小学5年から不登校になり、中学はほとんど行かずに家で過ごす毎日を送りました。そのため家庭教師に来てもらって、勉強より主に話し相手になってもらっていました。大学では、不登校中に出会った映画を学びました。

また、今年大学を中退し、NPOで活動しているH君も小学5年より不登校でした。中学は一日も行かず卒業し、中学3年から話し相手に大学生に来てもらっていたのは前のGくんとよく似ています。彼もまた、不登校中に出会った音楽の活動をしています。

高校入学後、通信制・単位制高校への編入を経験したIさん。

中学2年の4月初めから不登校、中2の終わりから行けるようになりましたが、中学3年秋ごろからまた行けなくなり、別室登校をしていた時期も。先生のサポートのおかげで、3学期ごろから教室に行くようになったそうです。卒業後は全日制の高校に進学したものの、途中でしんどくなり、休みがちになって、通信制・単位制高校への編入を決めました。高校進学に関して、2回悩まなければいけなかった経験をしています。でも、現在は大学に進学し、もう4年生になっています。

全日制高校中退後、高校ではなく高校卒業程度認定試験を取ろうと決め、予備校に通ったJさん。中学1年の夏休み前にしんどい時期があり、2学期から不登校をしていました。週1回スクールカウンセラーに面接してもらい、10月半ばから教室に入れるようになったが、その後も卒業まで行ったり休んだりを繰り返していたそう。私立高校を受験し、入学したが行けなくなり、高校2年生から予備校に通い無事に高認に合格。大学で学んだ後、今は社会人になっています。

こうして一人ひとりの足跡を辿ると、学校に行けなくなり、辛い思いをしていた時期を知るだけに10年の月日のなかで、彼らを支えてきた多くの温かいまなざしや言葉、つないだ手があったことに思い至ります。なかでも一番身近にいて関わり、一緒に泣いたり笑ったりしながらここまで一歩ずつ歩いてきたお母さんの顔が浮かんできます。

それとともに高校進学については、進路決定の時期にエネルギーの回復がどこまで高まっているかが進学へのモチベーションと関連していることがうかがわれます。同時に、子ども本人の個性なり興味関心が、どのような方向に向いているのかということも進路選択に影響しています。「学校」という環境が個性に合っている子どもは全日制高校になじみやすいですが、いろんな意味で「学校」という環境が合わない個性があるということ、その個性を持ちながら「学校」に関わっていく本人のしんどさを認めていかなければいけないと思います。

百のアドバイスより「しんどいんだね」の一言

親は、久しぶりに子どもが学校へ行くと、帰宅を待ちかねてどんな様子だったか聴きたいものですが、子どもからしゃべってくるまで待っていてください。子どもは、食事中やＴＶを見ているときに何気なく話してきたりします。子どもから話して来たとき、何を勉強したかということよりも、誰と会えたのかな？　楽しかったのかな？　どんなストレスを感じていたかな？…というふうなことを聴きとってあげてください。自分の意見やアドバイスは控えて、「ふうん、そうなんだ」「それからどうなったの？」というように、相づちや頷きで興味を持って話を聴いてあげてください。話を聴いてもらうというのは、思っている以上に、精神的な安定にいいのです。心のなかのストレスや溜まった感情が、話すことで解放されて、心に余裕が生まれます。

子どもがしんどいときは、特に話している事実関係より、子どもの「気持ち」はどうなのか？　どんな気持ちだったのか？　に注意を向けて聴いてあげてください。

「そりゃあ辛かったね」
「くやしかったね」
「残念だったね」
「うれしいよね」

というふうに「あなたの気持ちを理解してるよ」という言葉かけをしてあげてください。

そうすると子どもは、親が自分の気持ちをわかってくれた、とうれしくなってもっとしゃべってくれるようになります。

聴いているうちに、「こうしたら」と、アドバイスしたくなりますが、ただ頷いて「そうだったんだね」「そう思ったんだ」と、否定せず聴いてあげてください。「しんどかったとき、親にいろいろ言われるより、ただ聴いて欲しかった」と不登校を経験した若者は言っています。

私たちは、自分のよいところを見つけて言ってくれる相手と、自分のできないところ、マイナス面を指摘され、責められる相手とでは、どちらに心を開くでしょうか?

否定的な言葉がけの例

「ええ〜、またしんどいの? なんでー。高校からちゃんと行くって言ったじゃない」

「もうだめよ、この子」

「いくら学費払ったと思ってンの」

「ちょっと頑張ったら行けるンじゃないの?」

「高校も卒業できなかったら、将来どうなるの?」

肯定的な言葉がけの例

「ゆっくり行ったらいいよ」

「自分のペースで行ったらいい」

「だいじょうぶ。だんだん慣れるから」

「あなたなりに頑張っているのは知ってるよ」

「中学であんなにしんどかったんだから、今はよく頑張ってると思うよ」

言われている子どもの気持ちになってみてください。

どちらが気持が軽くなるでしょうか？

親は励ますつもりでも、否定的な言葉をかけられると気持が落ち込み、体も緊張して動きが鈍くなります。逆に肯定的に言ってもらうと、心も体もリラックスできるので動きやすくなります。


しかし、今の子どもや若い人たちを見ると、楽しいことやうれしいことは、親は受けとめてくれるけれど、マイナスの感情は出してもすぐ否定されてしまう傾向がある、と言われています。

自分をふり返っても「そうか、しんどいんだねえ」と、今しんどい状態でいる子どもを認めるのではなくて、「もっとがんばれば、何とかなるよ」「相手にこう言ったらいいのに」「そんなことでどうするの」などとアドバイスしたり、否定したりすることが多い気がします。

それは親に気持ちの余裕がなくて、自分の不安と向き合えないからではないでしょうか。

子どもが落ち込んだり、しんどくなるとすぐわが身にふりかかってくるから、それを避けようとして安易なアドバイスをしてみたりするのです。それよりも子どもは、うれしいことを親に聴いてもらいたいのと同じように、自分のしんどさに寄り添ってもらい、怒り、イライラ、不安などのマイナス感情もひっくるめたまるごとの自分を受けとめてほしいのです。不登校を経験した若者たちは「聴いてくれるだけでよかった」と言っています。この親には愚痴を言っても弱音を吐いても大丈夫、と思えるからこそ何でも話せるのでしょう。親に自分の思いをわかってもらえた、という実感があると、子どもは元気になっていきます。

これは、不登校の場合だけではありません。非行とか問題行動をする子どもの場合も、「やったことは悪い」と、それはきちんと言わないといけないのですが、その前にそこまでに至ったその子の事情や背景、気持ちを聴いてもらえると、自分から反省すると言われています。だから子どもの話を聴いて受けとめてあげる大人が必要なのです。

でも、今は親も学校の先生も地域の大人も、みんな忙しく、子どもの話をゆっくり聴いてあげる余裕のある大人が、子どもの周囲からいなくなってしまっています。そんな時代だからこそ、子どもがSOSを出しているとき、身近にいる親が受けとめて聴く必要があるのです。

SOSの出し方も、小さいときは泣いたり甘えたりしてかわいいものだったのですが、思春期になるとすごくそっけなかったりします。

憂鬱そうにしてるから、「どうしたの?」って聞くと「別に」と横を向かれる。「おはよう」って言っても、「ふん」って言うだけ、ときには無視されたり……。親を批判したり、八つ当たりすることもあります。

そういうとき、「なによ、今の言い方は!」と腹を立てると、だんだん殻に閉じこもってしまいます。「今は、そっとしておいてほしい。距離を置きたい」というサインだと思って、気に留めておいて、子どもが自分から何か話してきたときが、子どもに向き合うチャンスです。短い時間でよいので、子どもの訴えたいこと、気持ちを聴きとってあげてください。

親に自分のことをわかってもらえた、という実感は子どもの喜びになります。こうしたコミュニケーションによって、親子関係がより親密になり、親の思いを子どもは素直に受け取れるようになります。

こういう子どもとのかかわり方も、親自身が安心して話すことができる場で、誰かに受け入れられた体験を積み重ねていくと身についてきます。繰り返しになりますが、カウンセリングやグループワーク、親の会などで、互いに受けとめたり認め合う関係を経験してみてください。でも、カウンセラーや親の会も相性があり、合わなければしんどくなりますので、自分が元気になれるところを探してください。

今を大切に子どもと生きる

今の時代は、「よい学校」を卒業して「よい会社」に入る、または「公務員」になる、ということが必ずしも安定した人生を保障しているわけではないのですが、学校や塾では、このモデルを目指すことを前提に進路指導をしています。その評価や価値観は子どもたちの頭のなかにもすっかり刷り込まれていて、成績順位の高低が人格全体の自己評価、他者評価になってしまう危うさを持っています。

互いに人格や存在そのものを認め合う関係ではなく、常に競争、順位、評価の目にさらされていると、自分のなかに常に評価する自分がいて、そのために心が疲れてしまい、身動きできなくなる若者たちがいます。

しかしそんな時代だからこそ、親は、進学塾や学校、世間の評価など周囲の情報にふりまわされず、目の前の子どもとの関わりを楽しみながら、子どもの持ち味、子どもの特性、子どもの興味、関心がどこにあるのか、子どもは何を感じているのか、子どもが本当は何を求めているのか、しっかり見ていくことが大切だと思います。

養ってやっているのだから、面倒見てやっているのだから、親の思い通りに育ってほしい」という意識を持ってしまうことも少なくありません。それでは、親も子も寂しくなってしまわないでしょうか？

「将来」への不安から、子どもと過ごしている「今」を苦しい葛藤で埋めてしまってはもったいないです。子どもと親が笑顔で過ごす「今」を大切にしていきたいですね。

スペシャルインタビュー

第4章　社会人となった3人の不登校、進学、就職

長い目で見れば、不登校はマイナスの経験にならないですよ

我が子が不登校になったとき、まず思い浮かぶのは「この子の将来はどうなってしまうの？」という不安です。不景気や就職難といった世相にも影響され、子どもが自立できないのではという想像に苦しめられるお母さんがたくさんいます。しかし、不登校経験者に聴いてみると、振り返ってみれば数年が不登校であったということで、手に入らなかったもののある反面、「その経験があったからこそ手に入れたものもある」と言います。

小学校や中学校で不登校を経験し、今は社会人となった3人に不登校当時から現在に至るまでの気持ちや行動の変遷を振り返ってもらいました。大学進学や就職といった場面で、過去を意識することもあったそうですが、社会に出たからこそ「不登校経験を通して、知らないうちに養われていた大切なものがあった」ということにも気づかされたそうです。

N・Mさん（26歳・男性）
W・Fさん（29歳・女性）
T・Oさん（25歳・男性）

不登校経験も活かされた大学などへの進学

――まず、皆さんの不登校経験とその後大学などを選んだ経緯について教えてください

O　僕は四年制大学の心理学部を卒業しています。学部を選ぶ動機になったのは、小学校から中学にかけての不登校経験でした。

小学5年の2学期から学校に通えなくなり、児童福祉センターのフリースペースに通っていました。週1ペースで通いながらキャンプや映画鑑賞に参加し、元気を取り戻し始めていたのですが……。中学校2年生のとき、そのフリースペースの制度が変わって、メンバーや担当者も変わり、僕にとって利用しにくい場所になってしまったのです。

友人の存在に助けられながら何とか中学校への再登校を始めましたが、みんなと同じように学校に通いたいと思う一方で、身体症状による早退や欠席も多く、ときには苦しさを感じることもありましたね。そんなときは、保健室で休ませてもらったりしていました。養護の先生といろいろと話をするうちに「不登校ってどういうものなんでしょう?」と尋ねたことがあったんで

す。「心理学を勉強している人は、そういうことも研究しているね」と教えてくれて、それがきっかけで、「自分もそうした分野の勉強をして、将来は不登校のときにお世話になったボランティアの方々のように困っている人の役に立ちたい」と志すようになりました。

その後は全日制高校に進学し、志望通り心理学を学べる大学に進みました。在学中はボランティアに参加したり、ゼミに所属して発達心理学の先生について学んだりと、充実した大学生活を送れました。

M 僕が不登校だったのは、小学校5年生の秋から中学校卒業までです。それから、高校3年のころ、少し学校に行くのがしんどくなりました。そのときは進路を考え始める時期でしたから、「進学か、就職か」と選択を迫られる雰囲気をプレッシャーに感じて、いっぱいいっぱいになってしまったんです。行けば必ず進学の話をしている学校をとても辛い場所に感じました。ただ、両親が「すぐに将来を決めなくていい」と言ってくれたおかげで気持ちが軽くなり、進路は未定ながらも無事卒業することができました。

でも、落ち着いてしばらくしてから進路について考えると、「やっぱり大学に行きたい」という気持ちになったんです。学部は、就きたい職業が思いつかなかったので、あくまで「勉強したいこと」に絞って決めました。不登校の間、ずっと映画を見ていたので、映画についてなら勉強したいと思えました。該当する学部のある大学は、規模が小さくて感じがよく、そういうところにも好感が持てましたね。

受験はＡＯ入試に挑戦しました。面接では思いきって不登校のことも打ち明けたんですよ。映画が好きだという動機にも絡んでくるし、面接官の方々の印象にも残るんじゃないかと思って。すると面接の先生の１人が「僕の娘も不登校なんだよ」と言ってくれて、その後もよい雰囲気で話を続けることができました。結果的にそのＡＯ入試は落ちてしまい、その後推薦入試で合格したのですが、後にその先生がそのときのことを覚えてくれていたことを知り、「あのとき話してよかった」と思いました。

F　私は高校に進学せず、中学卒業後1年ほど家に居てから父親の事務所の手伝いを始めました。高校に進学しないことについて、父から特に反対するようなことを言われた覚えはありません。父自身が高校を中退しており、大検（大学入学資格検定、現在の高認にあたる）、そして司法書士の資格を取って働いている人なので、学歴や世間の目にこだわらなかったからだと思います。ただ、中学を卒業したあとの私が出て行く場所が必要だと考えてくれていたようで、一度ＮＰＯのボランティアをしてみるか？と見学に連れて行ってくれたのですが、そこは合わなかったので行きませんでした。その後、たまたま事務所の人が辞めることになったので、うちで働いてみるか？

と誘ってくれたのです。

週5日、朝から晩までちゃんと働けたことは将来何らかの仕事はできるだろうという自信にはなりましたが、当時は司法書士の資格を取るつもりはありませんでしたので、19歳で大検を取って大学に進学しました。中卒のままではバイトもできないだろうなと思ったのが大検取得の動機でしたが、大検だけでもやっぱり就業は難しいと大検予備校の先生に教えられて、進学の道を選びました。

志望校選びにあたり、以前から興味のあった民俗学なら学びたいなと思いました。現役生と年齢が開くのは嫌だったので、学力的に無理せず入学できるかどうかを重視して志望校を決めました。

入学後は、奄美大島の民謡に興味を持ち、2回生からは自分も先生について習い始めました。3回生後期には大学の科目を利用して、民謡をめぐる地域のコミュニティについてフィールドワークするため、半年間奄美大島で過ごしました。奄美大島では、親しくしてくださった住民の方々はみんな私より上の年代で、娘のようにかわいがってくださいました。また、そこでの多様な職業の人との出会いは「こういう生き方もあるんだ」と私の視野を広げてもくれました。そこでの経験が、今の自分の基礎を作ってくれたと思います。

就活で感じた不登校への評価

――それぞれ充実した大学生活を過ごされたのですね。卒業後の進路は、いつから、どのように考えていましたか？

F 就活を始めたのは4回生の4月ごろで、奄美から帰ってからです。私の卒業年度は２００７年で、ちょうど団塊の世代の定年退職が始まるので、企業が新卒採用を増やそうという時期でした。加えてリーマンショック(※)前だったので、同級生の間でもわりと楽観的な雰囲気がありました。私も何とか就職することはできましたが、自分の経歴を考えるとたぶんリーマンショック後ならもっと大変だっただろうと思います。世のなかの状況は就活にも大きく影響を与えるので、自分はラッキーでしたが、今の大学生を見ていると就活に追い詰められていて本当に気の毒です。

※リーマンショック　２００８年半ばに起こった世界的金融危機を指す。アメリカの大手投資銀行リーマン・ブラザーズの破綻が引き金となったことでこう呼ばれる。世界的な経済の冷え込みにより、日本経済も大きな打撃を受けた。これを受けた企業が新卒者の雇用を控えたため、内定取り消しや就職浪人といった問題も起きた。

就活のときには、大学の就職課にとてもお世話になりました。私の大学は就職の実績が高いわけではなく、知名度も低かったのですが、小規模な大学ならではの温かいサポートがありがたかったですね。そういった点も大学選びのときに考慮されるといいかもしれません。

M　僕は3回生（2009年）の秋から就職を意識して動き出しました。リーマンショック直後で、就職氷河期だという焦りや不安に背中を押されてという感じだったと思います。合同説明会などに足を運ぶと、今まで知らなかった企業について知ることができたり、意外に面白かったですね。やりたい仕事がはっきりしないままスタートした就職活動でしたが、いろいろな場を訪れながら、少しずつ志望業種を固めていきました。ただ、そんなにエネルギーのあるタイプではないので、少し動いては休みという感じのマイペースな就活で、決まったのは卒業直前でした。周囲は、あんまりプレッシャーをかけると僕がしんどくなることや、そうかと思えば急に行動しはじめたりすることもわかってくれていました。

もちろん、休んでいる時期が長いと無言の圧力は感じましたが、同じようなことが不登校のころに何回もあったので、もう慣れていました。自分でも、どこかでまた動くとわかっていたので、無言の圧力も大してプレッシャーにはならなかったです。

O　僕は大学卒業後に大学院に進んだものの、途中で中退する道を選び転職活動を始めました。50社ほどエントリーして、面接を受けたのは20～30社くらいだったと思います。

就職活動中に、自分が不登校だったことをデメリットだと感じた経験は、特にありませんでした。企業側が見るのは履歴書だけですから、自分から口にしなければ向こうにもわかりません。逆に履歴書を見ればすぐにわかる「大学院中退」の部分は突っ込まれることもありましたが。僕の場合は、大学の学部を選んだ動機が不登校によるものでしたから、話の流れによってはそこに触れることもありましたね。

F　私の場合は、高校に行かず大検を取得して大学進学したことが履歴書を見ればすぐわかるため、その部分について問われることは多かったです。

最初の企業では「高校に進学するよりも、早く社会に出たかったのです」と答えていたのですが、そうすると面接官の反応が悪かったんですね。じゃあ、ちょっと切り口を変えてみようと思い、もう一つの理由である「中学卒業直前にアトピーが悪化して、進学を諦めました」という答えに改めました。それでも上手くいかず、就職課の方に「周りから取り残されてしまう悔しさをバネにして頑張り、大検を取得して大学に進学しました」というふうに言い換えて話してみてごらんと言われ、そのようにするとすんなり合格することができました。同じ内容のことであっても、前向きな印象の言葉に置き換えて言えば、受け取られ方は変わってくるようです。

M 僕もサポート校を卒業しているので、履歴書に書くのは卒業した通信制高校の校名だけでした。大学入学前のことについては、面接官の様子を見て、場合によっては言うこともありました。

「不登校」という言葉は、人によって本当に受け止められ方が違うということを、僕は大学で既に実感していたんです。大学生活を通して出会った友人たちに、話の流れで「学校に行けなかった時期があるんだよ」と打ち明ける機会があったのですが、否定的な捉え方をされたことが何度かありました。それによって、そういう考え方もあるんだな、と学ぶことができました。

大学は勉強だけではなく、社会に出る前に人付き合いやさまざまなことも学べる場所だと思います。

離職するまでの三者三様

――3人とも、最初に就職した企業を離れていらっしゃいますね。退職するまでに、どのようなことがあったのですか？

Ｏ　無事に就職はしたものの、最初に勤めた企業は雇用環境がまったく整っていない会社でした。近年問題になっている、いわゆる〝ブラック企業〟だったんです。業種は人材紹介会社でしたが、業務内容が非常に厳しいのに、雇用保険にすら入れてもらっていませんでした。おかしいと思って記録を調べてみると、過去にどんどん新卒社員を入れて、彼らが短い期間でどんどん辞めているというデータも見つかりました。

また、人材紹介という仕事柄、顧客である会社でも同じように無茶な雇用をしている企業を少なからず目の当たりにしました。若い人を大量に採用して、苦しい環境で働かせ、数年で辞めるように仕向けるという……。そのまま勤め続けたら会社が立ちゆかなくなる人数を、どうせ大勢辞めるだろうという前提で大量募集をかけているのです。

そうした実態を知って、転職をしたほうがいいなと考えるようになりました。でも、すぐにというわけにはいきませんでした。職を失う不安がありましたし、世間でよく言う「石の上にも三年」という言葉が頭から離れなかったのです。正しい判断力を取り戻させてくれたのは、両親や相談機関の方々のアドバイスでした。「無理な職場に長く勤められないことを、自分の責任として抱え込んでしまうのは間違っているよ」と諭され、気持ちに区切りがつきました。

M　僕は大学卒業後、飲食店に勤めました。2年間勤務し、今年（2013年）の3月に退職して、現在は違う道を探っています。

人間関係は良い職場でしたが、労働環境が厳しかったです。勤務時間は10時間という規定でしたが、実際には12時間以上働く必要がありました。例えば、午後4時から翌日の午前7時まで働くという場合も。働き始めた当初は、週に一度の休みが来ると、起き上がれずに1日中眠っていました。

実は入社して2～3カ月でしんどくなり、退職を真剣に考えたんです。ただ、上司が親身になって相談に乗ってくれ、エリアマネージャーから「うちの店舗ならもう少し負担が軽くなるかもしれない。場所を変えて続けてみないか」と言ってくれたんですね。そこで「しんどい」を「楽しい」に変える働き方への姿勢を教えてもらい、同時にエリアマネージャーの働き方を見ることで「この人のために働きたい」という意欲が沸いてきました。身体はキツかったけれど、それでも2年続けられたのは、周囲が支えてくれる環境があったからだと思います。

仕事をしてみると、決して呑み込みがいいタイプではありませんでした。失敗だってたくさんしました。でも、働いているうちにいつのまにか「困ったときの相談役」というポジションになっていて、仕事仲間が抱えているものを打ち明けられることが多くなっていました。困っている人の話をじっくり聞いていると、それだけで「ああ、ちょっとスッキリしたよ」と言ってもらえて、人の役に立てることがうれしかったですね。そういう点も、続けていられた理由だったのだと思います。

F　事務職が私一人という、小さな事業所に就職しました。営業のなかにちょっと無茶な方がいて、お客さんや業者さんとのやりとりでいろいろとトラブルを起こしてしまい、その後始末にいつも悩まされました。ストレスのためか、背中一面に発疹が広がったこともありましたし……。

仕事をしているときは、ずっと「辛くても、辞めたらだめだ！」と思い込んでいました。そんなとき、身内の葬儀があって、忌引きのためのお休みで就職して以来初めてまとまった時間が取れたんです。そうしたら、憑き物が落ちたように「辞めてもいいんだ。新しい仕事を探してもいいんだ」と考えが変わりました。職場を変えてみても、また同じようなことが起こるかも知れない。それは嫌だから、独立して働ける仕事をしたいと志すようになりました。

その後は司法書士の資格取得を目指して予備校に通い、現在は無事に試験に合格して、同じく司法書士である父の事務所を手伝っている毎日です。

社会は大変な場所だが温かさも支えもある

M 社会に出るまでは、働くなんてとても自分には無理だと思っていました。でも就職してみると、人見知りの自分がスイッチが切り替わったようにお客さんと会話することができました。別に、人にだまされるようなこともなかった（笑）。少なくとも学生時代に思っていたよりは、ずっと世のなかは温かい場所だと感じました。それと、不登校をしたおかげで打たれ強くなっていた気もします。子どものころは怒られたら、長い間くよくよしていたのですが、最近は仕事で怒られても、「ま、いっか」と思えるようになりました。

学校に行くって、不登校になるまでは当たり前のことだと思っていたし、不登校になるか否かのときも「学校に行かなくなったら、人生終わりだろうな」なんて思ってました。もう普通には戻れないんだろうなって。でも、学校で作れなかった思い出はあるけど、学校に行っていたら作れなかった思い出もたくさんあったんです。修学旅行には行けなかったけど、修学旅行代で家族旅行ができたり。だから、「ま、いっか」っていうのは、投げやりになるってことじゃなくて、開き直るっていうことなんです。今のやり方とは違う方法を探したり、違う視点で考えたり、自分が得意なことで挽回したり、とりあえず一生懸命にやってやろうって思うようになりました。

○ 一度就職をすると、その企業固有の考え方が「常識」と思い込まされてしまいがちですが、外から見てみると普通ではないということはよくあるのです。例えば、最初に勤めた会社では「営業の電話は、何度も何度もしつこくかけろ！」というのが当たり前でした。パワハラだって毎日のことでした。でも、会社のなかではそれが普通で、誰もおかしいと言わないし、それが普通なのだという感じでした。

それを〝違和感〟として捉えられたのは、自分のよかった点だと思います。僕に限らず、不登校を経験した人は、みんなそういうセンサーが備わっているのではないでしょうか。世間一般の「学校には行くものだ」という流れに逆らって、行かないという選択をしているわけですから、周囲に流されてしまわない力はあると思います。

僕は大学院を中退して就職先を探す際、とても焦っていました。とにかく働かなくちゃという気持ちで、自分の適性や目指したい方向性を考慮せずに仕事を選んでしまったのだと思います。だから、これから進路を選んでいく人に伝えたいのは、自分の入るグループを焦って決めてしまうのは決してよい未来に繋がっていかないということです。

その後、再び就職活動に取り組み、今度は自分が学んだ心理・教育の技術をより直接的に活かせる形で就職をしていこうと考え、児童養護施設や児童デイケアといった福祉施設での就職を目標に活動していきました。現在は、発達障がいや精神障がいなどの障がいを持った方々の就労を支援するNPOで勤務しています。勉強してきたことを活かすことができ、就職で失敗した経験も活かせる職場だと思います。昔の自分と同じように困っている人の力になれるよう、頑張っていきたいと思います。

F 私が社会に出て働くなかで、不登校だったことを意識したのは一度だけ。それは、商品として扱っている家具の大きさを、対角線の長さしかわからない状態で割り出さなければいけないというときでした。割り出す方法はあることは知っていたんだけど、中学以降の数学をちゃんとやっていないから、具体的な方法がわからなかったんです。でも、周りに聞いたら普通に教えてくれました。だから、全然困らなかったです。事務職として採用されたのですが、一生懸命やっていたからなのか、仕事がよくできると評価してもらえました。

おかしいことに対して、「おかしい！」と気づくセンサーが鋭いというのは、私もすごく感じています。周囲の流れから飛び出すのって、すごく勇気が要ることだと思うんですよ。でも不登校になった人は一度周りから飛び出す経験をしているわけだから、そういうときのためらいや恐怖心が少ないんじゃないかと思うんです。長い目で見れば、不登校って別にマイナスの経験にはならないですよ。

今の社会では、ブラック企業に入社してしまうかどうかなんて、誰にもわからないことですよね。だから何かおかしいと思ったら、周囲に相談することをためらわないでほしいと思います。学校でも職場でも、道は自分で選べます。焦らずに考えてほしいです。

不登校は親離れ子離れの道

あとがきに代えて

「私たち、子どもが不登校にならなかったら出会ってないんだよね」というのが私たちスタッフ同士の口癖です。そう言って笑えるのは、我が子が不登校になってくれたおかげでこのボランティア活動をするようになり、多くの人の温かさに触れてきたからだと思います。

私たちは、我が子の不登校を通して、子どもの成長とともに親離れ子離れの道筋を自然にたどって来たように思います。親の思い通りにならない（学校に行けない）我が子を前にして、「あなたはどうしたいの？」「どう思うの？」「何ができそう？」と一つ一つていねいに聴いていくことが必要だったのですが、結果的に親のコントロールを外して、子どもの意思に任せることになっていました。いつのまにか、私たちは「子育て」ではなく子どもが主体的に育っていく「子育ち」を応援していました。

とはいえ、一生懸命に子どもを思う親心は、無意識に子に対する支配になりがちです。そんなとき、スタッフ同士で「ほら～、またやってる～」と笑って話せる関係に救われてきました。

親は、無意識に自分の子どもに「あるべき姿」を求めて、コントロールしてしまいます。自分の価値観や重ねてきた親自身の人生、人間関係などが積み重なって身についてしまった「あるべき姿」に気づいて手放せたときから、子どもが元気になっていくのを経験し、たくさん見てもきました。それは、親自身の成長ともつながっていると思います。そして、私たちスタッフもそのお手伝いをしながら、来てくださる方から学ぶことも多く、互いに成長し続けているのだと思います。

親子支援ネットワーク♪あんだんて♪を始めるきっかけになったのは、京都発の不登校情報誌「プロン・トン・トン（ゆっくりしーや）」の発行でした。作成にあたって、多くの心理、医療、教育の専門家のもとへ取材に伺って学んだことが、我が子に対する経験とも合致し、次第に不登校支援のあり方に確信を持てるようになりました。

この情報誌は、新聞で大きく取り上げられ、週2日の活動日には電話注文が殺到しました。受話器を置いたとたん電話のベルが鳴るという状態で、そのほとんどが本の注文だけではなく不登校の悩みを話す方だったので、一日中スタッフが交代で話を聴き続けました。最初は、電話相談に慣れていなかった私たちでしたが、共感しながら一生懸命聴いていると、とても喜んでくださることがわかり、こんなに多くの人に必要とされているんだと実感しました。ＨＰのカウントもみるみるうちに増え、ＰＣが壊れたのかと思うくらいでした。

この経験が後押しとなって親の会、個別相談、通信発行など、活動を展開していくにつれ、勉強する必要を痛感し、それぞれが講演会、シンポジウム、心理学講座、傾聴のワークショップなどに足を運び、この活動に活かしてきました。学んだことにより我が子や家族とのコミュニケーションが良くなったり、以前より相手への思いやりができるようになったりしたので、結局自分のためになり、さらに♪あんだんて♪で活動するスタッフ同士の関係も温かく深いものになっていったと思います。だから、10年間当初のメンバーがほとんど変わらず、新しいスタッフも加わって活動を続けてこれたのでしょう。

私たちは、不登校だった子どもたちが自分の道を見つけて動き出したあとも、仕事や介護、ほかのボランティア活動などそれぞれにやりながら、「しんどい人に楽になってもらいたい」という素朴な思いをスタッフ同士が共有し、悩みを抱えた人が来てくれて「来てよかった」と明るい表情で帰っていかれるのがうれしくて活動を続けてきました。

この本は、スタッフだけでなく、♪あんだんて♪に来てくださる親の方々や支援してくださる方、ネットワーク先の方々などさまざまなご縁に支えられた♪あんだんて♪の集大成と言えるものです。ここにあらためて、深く感謝申し上げます。

最後に、どんな団体かもわからない私たちの希望をかなえてくださった学びリンクの山口教雄社長、多大なご苦労をいとわず本の発行に漕ぎつけてくださった担当の中村様に幾重にも感謝申し上げます。

不登校でも子は育つ

～母親たち10年の証明～

2013年10月10日　初版第１刷発行
2020年10月31日　　　第６刷発行

著　者　親子支援ネットワーク♪あんだんて♪

発行者　山口教雄
発行所　学びリンク株式会社
〒102-0076 東京都千代田区五番町10　JBTV五番町ビル2F
電話　03-5226-5256　FAX　03-5226-5257
ホームページ　http://manabilink.co.jp/
ポータルサイト　https://www.stepup-school.net/
印刷・製本　株式会社　光陽メディア

ISBN978-4-902776-80-5